EDUCAÇÃO CORPORATIVA
EM XEQUE

EDUCAÇÃO CORPORATIVA EM XEQUE

ATÉ QUE PONTO TREINAMENTO É UM
BOM NEGÓCIO PARA AS ORGANIZAÇÕES?

CLAUDIO STAREC

2ª edição revista e
atualizada

Educação corporativa em xeque: até que ponto treinamento é um bom negócio para as organizações?
© Claudio Starec, 2011.

Direitos desta edição reservados ao Serviço Nacional de Aprendizagem Comercial –
Administração Regional do Rio de Janeiro.

Vedada, nos termos da lei, a reprodução total ou parcial deste livro.

SISTEMA FECOMÉRCIO-RJ
SENAC RIO

Presidente do Conselho Regional
Orlando Diniz

Diretor do Senac Rio
Julio Pedro

Conselho Editorial
Julio Pedro, Eduardo Diniz, Vania Carvalho,
Wilma Freitas, Manuel Vieira e Elvira Cardoso

Editora Senac Rio
Rua Marquês de Abrantes, 99/2º andar
Flamengo – Rio de Janeiro
CEP: 22230-060 – RJ
comercial.editora@rj.senac.br
editora@rj.senac.br
www.rj.senac.br/editora

Publisher
Manuel Vieira

Editora
Elvira Cardoso

Produção editorial
Karine Fajardo (coordenadora)
Camila Simas, Cláudia Amorim, Michele Paiva
e Roberta Santiago (assistentes)

Copidesque
Shirley Lima

Revisão
Jacqueline Gutierrez

Imagens da capa
iStockPhotos/Lise Gagne e 4x6

2ª edição revista e atualizada: fevereiro de 2012

Impressão
Sermograf Artes Gráficas e Editora Ltda.

CIP-BRASIL. CATALOGAÇÃO-NA-FONTE
SINDICATO NACIONAL DOS EDITORES DE LIVROS, RJ

S796e
2.ed.

Starec, Claudio
   Educação corporativa em xeque : até que ponto treinamento é bom negócio para as organizações?
/ Claudio Starec. – 2.ed. – Rio de Janeiro : Ed. Senac Rio, 2012.
   172p. : il. ; 16 x 23 cm

   Inclui bibliografia
   ISBN 978-85-7756-174-2

   1. Aprendizagem organizacional. 2. Pessoal – Treinamento. 3. Gestão do conhecimento. I. Título.

11-7422.

CDD: 658.4
CDU: 005.963

Dedico este livro a meus pais, Maria Thereza Guarilha Starec e Moises Starec (in memoriam, mas que estará sempre vivo), por me darem o maior de todos os presentes – o dom da vida – e por me ensinarem a aproveitar intensamente cada momento, pois o tempo não para e nunca volta atrás; a Luma, razão de minha vida, estrelinha que me guia e que faz com que um dia nunca seja igual ao outro, com quem aprendo a cada instante; e a todos aqueles que têm a missão de aprender a aprender para, logo depois, aprender a desaprender em nossas organizações.

Até que ponto o informar altera o informado,
o conhecer modifica o conhecimento
e o produzir impacta o que é produzido?

– CLAUDIO STAREC, 2009

sumário

Prefácio // **11**
Por Ana Rosa Chopard Bonilauri

Agradecimentos // **15**

Introdução // **17**

Capítulo I – ALEPH // **35**
1.1 O *Homo sapiens*: homem informacional // **35**
1.2 A condição da informação: do caos documentário à revolução do conhecimento // **39**
1.3 "Só sei que nada sei": o aprendizado na sociedade da informação, do conhecimento e do aprendizado // **42**
1.4 O advento da nova organização – Felicidade *versus* tecnologia *versus* tempo: a busca do ideal iluminista na sociedade do conhecimento // **45**

Capítulo II – ETHOS // **57**
2.1 Lições dos mestres na história social do conhecimento e do aprendizado // **57**
2.2 As árvores do conhecimento no mundo do trabalho // **63**
2.3 O novo paradigma da prática corporativa: organizações educadoras e informacionais // **68**
2.4 A arte da estratégia na educação // **71**
2.5 A vida digital na sociedade do aprendizado // **75**

Capítulo III – RITUS // 81
3.1 Informação e estratégia competitiva // **81**
3.2 A questão da transferência de informação para conhecimento // **84**
3.3 A obsolescência do conhecimento // **91**
3.4 O mapa informacional // **94**

Capítulo IV – HYBRIS e NEMESIS: a busca do Santo Graal // 111
4.1 O treinamento é necessariamente um bom investimento? // **111**
4.2 O papel da informação na busca por indicadores informacionais
sustentáveis // **115**
4.3 Competências informacionais: a busca do Santo Graal // **120**
4.4 ROI, CTP, ROA, RCI, ACB, IDP... sopa de letrinhas da avaliação // **123**

Capítulo V – PRÁXIS // 131
5.1 O cenário (métodos, modelos e casos de universidades corporativas) // **131**

Educação corporativa em xeque // 139

Notas // 151

Referências bibliográficas e webgrafia // 159

prefácio

Há aproximadamente cinco anos, participei de um congresso em Washington da American Society for Training & Development (ASTD), ávida por assistir às palestras de Peter Senge e de Donald Kirkpatrick, os quais levavam meu imaginário de tiete (mesmo que na área acadêmica) a perder o sono.

A ansiedade era imensa. Havia gente importante e admirada demais no evento, como Aries de Geus e Henry Mintzberg, mas eu estava à espera das palestras dos autores que, para mim, marcaram grandes mudanças nos paradigmas da gestão, impulsionando boas reflexões na área de Gestão de Pessoas.

O primeiro – Peter Senge – "codificou" toda relação do trabalho produtivo no seio das organizações, dissecando a complexidade das estruturas organizacionais e da organização da força de trabalho para destacar as possibilidades de compartilhar, recuperar, propor e formalizar cada vez mais saberes nas dinâmicas dos grupos, nas interações de líderes e subordinados. Um novo paradigma passa a ser consagrado, qual seja: as organizações aprendem, e cinco disciplinas são necessárias para manter esse ciclo virtuoso de aprendizagem organizacional, fazendo-a evoluir constantemente.

Como consequência mais direta de todo o pensamento sobre a importância da aprendizagem organizacional, vimos florescer autores e programas voltados a suportar os quase sempre críticos processos de mudança organizacional. É preciso compreender os fundamentos da cultura das empresas e colocar em destaque as intervenções do tipo "gerenciamento da mudança", em que ações educacionais e de comunicação interna se tornaram imprescindíveis nas estratégias de preparação e adaptação. Não nos esqueçamos de que, na nova economia, essa situação sofreu acirramento considerável, a ponto de muitos autores e gestores de pessoas adotarem a premissa da mudança, da transformação contínua, como um dado natural na existência/sobrevivência das instituições sociais.

O que aprendemos desse momento e o que motiva o aprofundamento do professor Claudio Starec é correlacionar o contexto da aprendizagem organizacional ao surgimento e à contribuição dos sistemas de educação corporativa ou, como são mais conhecidos, das universidades corporativas. Este é o grande ponto explorado nesta obra: **o valor da educação corporativa para as organizações**.

Considero que a melhor das conclusões, a despeito da intangibilidade dos resultados obtidos por tantas áreas dedicadas à educação corporativa nas organizações – seja por falta das medidas, falta de valorização, falta de conhecimento ou falta de tempo – é que, como constatado aqui, a importância, a valorização, ou mesmo o surgimento dessa modelagem "universidade corporativa" apontam para uma realidade pronta para ser apropriada, modificada e transformada simplesmente pelo fato de que, para progredir, evoluir ou, meramente, sobreviver, as organizações necessitam de pessoas cada vez melhores, pois seu entorno evolui sem cessar e não pedirá licença para crescer, independentemente de qualquer "ponto" da rede que se rompa ou falhe.

De volta ao fio da história, o da avaliação, e retomando ao congresso da ASTD, lá estava eu ansiosa por assistir à segunda palestra: a do mestre Donald Kirkpatrick. Ampla sala, mais de mil pessoas reunidas, microfones, telões e por aí vai. Eis que surge o palestrante, de baixa estatura, cabelos brancos, e, ao cumprimentar o público, diz que vem trabalhando naquela "construção" desde o final dos anos 1940. Com simpatia, dirige-se a uma mesa expositora, em que havia um soberbo retroprojetor, e saca o conjunto de transparências com letras miúdas, sobre as quais vai traçando sua brilhante conferência para um público paralisado.

O palestrante segue, então, para destacar um ponto que me deixou muito mobilizada: pesquisas realizadas por ele próprio no território americano apontavam que um número ínfimo de empresas havia entrado no nível 5 do modelo – o nirvana da avaliação de resultados! Mais não disse, pois estava muito ocupado em detalhar e mostrar a utilidade de toda a escala de avaliação.

Assim, vejo com bons olhos a criatividade do autor em propor um índice, um indicador de efetividade da educação corporativa. Está aqui, na obra; porém aparece mais como um alerta aos desencorajados profissionais da área que quiserem ter essa ou outra medida para "tangibilizar" os resultados alcançados.

Do fundo do coração, talvez pelo fato da experiência adquirida ao longo de muitos anos, tenho certeza de que só existimos (e trabalhamos) em educação corporativa porque os empresários valorizam os resultados pelo que podem, concretamente, sentir e realizar/fazer com base nas competências e entregas de seus gestores, de seus profissionais e demais pessoas que interagem na cadeia produtiva. Por isso, esta é uma boa obra, pois não se limita a um único ponto, a um paradigma ou outro, mas abre um grande leque de ensinamentos para quem quer conhecer e para quem atua em gestão de pessoas, especialmente em educação corporativa. A obra de Claudio Starec vem apaziguar e encorajar a busca contínua de instrumentos para um espaço garantido: o de ensino-aprendizagem continuado no seio das organizações.

Ana Rosa Chopard Bonilauri
DIRETORA DA UNIVERSIDADE CORPORATIVA DO TRANSPORTE (UCT),
DA FEDERAÇÃO DAS EMPRESAS DE TRANSPORTE DE
PASSAGEIROS DO ESTADO DO RIO DE JANEIRO (FETRANSPOR).

agradecimentos

Agradeço a D'us,* em primeiro lugar, que me acompanha por todos os caminhos de minha vida; a meu mestre e orientador, Aldo Barreto, presente em todas as etapas de minha jornada acadêmica, com quem aprendi, aprendo e continuarei aprendendo sempre; e a meus adoráveis e inesquecíveis professores: Carlos Alberto Messeder, Emir Suaiden, Isa Freire, Geraldo Prado, Lena Vania Ribeiro Pinheiro, Maria Nazareth (Nazinha), Rosali Fernandez de Souza, Sarita Albagli e Vania Hermes Araújo, grandes mestres na arte de "provocar" e que me fizeram pensar e debater nesse inesgotável processo de educação para a vida.

Meu muito obrigado aos amigos, em especial: Ana Rosa Chopard Bonilauri, Beth Gomes, Elaine Marcial, Faiga Marques, Georges Hadjar, Jorge Bezerra, Lilian Kac, Marise Fernandes, Paul Dinsmore, Pedro Vieira, Sergio Behken, Soraia Reis, Sergio Ricardo, Renata Filardis, Ronaldo Luzes, Vanda Souza e Wilma Freitas, pelo inestimável apoio e pelas valiosas contribuições oferecidas; a meus queridos alunos, que fazem com que eu aprenda todos os dias; e a meus funcionários, colaboradores que, ao longo desses anos, foram fonte constante de inspiração.

Não posso deixar também de expressar reconhecimento à minha família, a qual me incentiva, desde menino, a buscar mais, a aprender mais, e por me mostrar o valor de compartilhar tudo o que aprendemos, e a Naira, mãe de minha filha, amiga de todas as horas, sócia e incentivadora de tantos projetos.

Por ter acreditado em meu projeto, agradeço à Editora Senac Rio e a todos aqueles que me acompanharam, creram em minha capacidade empreendedora de eterno aprendiz e me incentivaram a seguir em frente. Aos que duvidaram, deixo também meu agradecimento.

---

*Nota do Editor: Uma das formas de, no judaísmo, referir-se ao Criador. Em virtude do terceiro mandamento (Não tomarás em vão o nome de YHWH), os judeus usam um apóstrofo nos termos divinos mais sagrados, de modo que o nome da divindade não venha a ser profanado por estar escrito em um objeto comum. (Fonte: Wikipédia.)

introdução

Poucas economias do mundo se transformaram a uma velocidade tão grande, em um período relativamente tão curto – quarenta anos –, quanto a brasileira. É possível afirmar que o Brasil saiu da periferia para ocupar lugar de destaque na economia global. Inúmeros são os desafios ainda por vir, mas também são as oportunidades para a consolidação de um país moderno, de uma sociedade que passou, e ainda passa, por mudanças profundas e radicais. O avanço tecnológico tem sido apontado como o principal responsável por grande parte do aumento da produtividade nas organizações modernas. Como pilares do desenvolvimento organizacional, encontram-se taxas elevadas de investimento em capital físico e humano que possibilitam significativo crescimento da competitividade.

O cenário de uma concorrência cada dia mais agressiva e sem fronteiras, de produtos e serviços com qualidade equivalente, dos preços similares e das margens cada vez menores, tudo isso fez com que as organizações tivessem de repensar a busca por diferenciais competitivos. Essa reflexão levou à discussão sobre estratégias para se alcançar sucesso empresarial. A percepção é que fatores críticos de sucesso tradicionais, e externos às empresas, como acesso, disponibilidade e domínio de matérias-primas, os próprios meios de produção, as tecnologias e a infraestrutura logística, perderam espaço para os fatores internos, como fontes de vantagem competitiva sustentável.

Hoje, já existe consenso de que é muito mais difícil a concorrência copiar fatores críticos como capital intelectual, comunicação estratégica e competências informacionais. Quanto mais característicos e incorporados à organização forem esses fatores, mais difícil será para os concorrentes explorarem as mesmas forças competitivas.

O êxito de uma organização já não pode mais ser mensurado apenas por sua infraestrutura ou pelos recursos que ela possui e controla, mas, principalmente, pela qualidade com que recupera e usa a informação disponível no processo de tomada de decisão, pelo conhecimento de seus colaboradores e pela competência de suas ações. À soma desses fatores chamamos "inteligência organizacional ou competitiva".

No universo corporativo, cada vez mais o trabalho está relacionado ao aprendizado, e as organizações começam a descobrir a importância e a necessidade de se despertar a capacidade de aprender em todas as pessoas e em todos os níveis funcionais. De acordo com Peter Senge, a organização que aprende deve ter a capacidade de criar continuamente, de forma sistemática, o futuro que realmente deseja – tarefa das mais complicadas, pois, à medida que os negócios vão se tornando mais complexos e dinâmicos, é preciso aprender a aprender a cada instante, e aprender a desaprender logo em seguida.

Pesquisa da empresa de consultoria Deloitte[1] revelou que, de 150 empresas brasileiras e multinacionais com sede no Rio de Janeiro e no sul do país, 77% pretendem ampliar seu orçamento de recursos humanos com treinamento nos próximos anos. Ainda segundo esse levantamento, 85% das empresas entrevistadas apostaram em recursos humanos como estratégia para desenvolver negócios (investimento maior que o apresentado em pesquisa de novos produtos – meta de apenas 59% das empresas que participaram da pesquisa).

Outro levantamento interessante feito pela revista semanal *Guia Você S/A Exame*[2] aponta que 90% das 150 melhores empresas para se trabalhar em 2010 responderam que adotam um modelo de educação corporativa como forma de incentivar o desenvolvimento profissional de seus colaboradores. A maioria oferece bolsas de estudo para cursos técnicos, profissionalizantes, de graduação e pós-graduação. Algumas contam com centros de treinamento e desenvolvimento profissional, chamados de **universidades corporativas**, que oferecem programação intensiva com palestras, cursos presenciais ou a distância, seminários, além de patrocinarem bolsas de estudo, parciais ou integrais para seus empregados.

A premissa de que organizar e orientar o aprendizado, tanto no nível individual quanto no coletivo, e de que estimular a produção de conhecimentos capazes de criar competências e gerar inovações seria papel exclusivo das instituições de ensino superior hoje está sendo questionada. As organizações despertaram para a necessidade de coordenar o aprendizado de seu pessoal, minimizando as lacunas existentes entre as carências e os objetivos corporativos e a metodologia de ensino-aprendizagem do sistema tradicional de ensino. Em outras organizações, o saber consolidado é confrontado com os novos saberes emergentes.

Essa discussão aponta para as seguintes questões: Será possível criar vantagens competitivas sustentáveis com o modelo escolar clássico de ensino? Como customizar o aprendizado voltado às necessidades e aos problemas organizacionais? Por trás desses questionamentos está a percepção de que as instituições de ensino, de maneira geral, formam generalistas, e as organizações precisam, cada vez mais, de profissionais especializados, capacitados a resolver problemas a cada dia mais customizados e complexos, a inovar e a apresentar soluções específicas.

Na **sociedade da informação, do conhecimento e do aprendizado**, é necessário começar a pensar de forma mais sistemática e consistente nos novos modelos de aprendizagem e de produção do conhecimento. É indispensável refletir sobre as diversas dimensões do processo de ensino-aprendizagem, entre a educação escolar e a **educação corporativa**, que se dá no ambiente empresarial, em vez de decretar que esses dois modelos são, por natureza, antagônicos e incompatíveis, quando, na verdade, podem e devem ser complementares.

Essa associação entre a educação clássica, tradicional, consolidada e as novas e atuais demandas de ensino das organizações tem de ser construída e implementada, tarefa que cabe à academia realizar: um papel até agora ignorado e até mesmo negligenciado. O fato é que as instituições de ensino, em particular de ensino superior ou profissionalizante, têm a responsabilidade de estar na vanguarda dessa discussão, com um posicionamento claro, como atores principais na relação entre trabalho e conhecimento.

Vários autores, como Marcos Del Roio, Marisa Eboli e J. C. Meister, classificaram essa discussão como o grande dilema da sociedade moderna: a universidade entre o conhecimento e o trabalho. Por que não olhar essa questão sob a perspectiva do aprendizado construído de forma coletiva e estreita entre a escola e a empresa?

No contexto atual da competitividade –[3] como certa vez disse Tony Wheeler, executivo americano fundador da Lonely Planet: "aquela que se dá em uma corrida de forma imprevista e inesperada e acontece quando um competidor surge do nada, bate no seu carro e faz com que você saia da pista" –, essa competição sem fronteiras é mais um motivo para se procurar reduzir a lacuna entre o modelo escolar de ensino e as necessidades organizacionais; em outras palavras, as organizações precisam que seus colaboradores se capacitem constantemente, e os sistemas educacionais existentes, de forma geral, devem cooperar para o sucesso organizacional.

A sociedade mudou e continua mudando, cada vez de forma mais rápida e radical. As organizações procuram desesperadamente se adaptar aos novos tempos; os profissionais tentam acompanhar e se ajustar a essas mudanças, mas ainda lidamos com a velha escola, que resiste à mudança.[4]

Vários autores e especialistas em educação defendem que o conhecimento não pode, nem deve, ser encarado como propriedade específica dos alunos em salas de aula ou bibliotecas, transmitido por livros ou professores. Hoje, a informação seria um elemento presente em toda parte, alcançando pessoas de todos os tipos, pelos mais variados canais. A escola ou instituição de ensino é apenas um desses meios, lado a lado com redes sociais, mídias, telefonia móvel, veículos de comunicação em massa, organizações, laboratórios e centros de pesquisa.

Outro ponto essencial para contextualizar essa questão é a perspectiva do conhecimento como um passaporte seguro para o sucesso do recém-formado ou mesmo para o profissional que já está no mercado de trabalho. Hoje, mais que em qualquer outra era, esse novo cenário exige muito mais do profissional: atualização constante, reciclagem, capacitação permanente, para que o conhecimento adquirido não se torne obsoleto e o resultado esperado seja alcançado. Somos, sim, responsáveis por nossa própria formação. Não apenas em um processo de educação continuada, mas de educação para a vida, para a vida inteira. O entendimento dessa questão pode nos aproximar ou nos afastar do sucesso profissional.

A valorização de pessoas mais qualificadas, preparadas, é constatada na análise das taxas de desemprego no Brasil. O índice de desemprego entre as pessoas com nível superior é de 5,8%, quase quatro vezes menor que para um profissional apenas com o ensino médio (19,4%). Outro ponto relevante levantado por recente pesquisa da Fundação Getulio Vargas (FGV) mostra que o trabalhador que não fez um curso de pós-graduação chega a ter remuneração, em média, 42% menor que aquele que tem uma especialização. A pesquisa Você no Mercado de Trabalho, do Centro de Políticas Sociais da FGV, baseada em dados da Pesquisa Nacional por Amostra de Domicílios (PNAD), do Instituto Brasileiro de Geografia e Estatística (IBGE), revelou ainda que, quando um trabalhador com nível superior ingressa em uma pós-graduação *lato sensu*, seu salário pode aumentar em até 47%, com apenas mais esse ano de estudo.

Na visão de autores como Peter Burke e Cristovam Buarque – este também ex-ministro da Educação – não ocorreram mudanças estruturais significativas na universidade no último milênio. Seu papel pouco mudou. No entanto, a realidade da situação social do mundo, bem como os avanços constantes nas tecnologias da informação e de comunicação, do conhecimento e nas novas tecnologias de educação, evidencia a necessidade de uma revolução no conceito de universidade, defende Cristovam Buarque. Já o historiador inglês Peter Burke alerta que a hostilidade das universidades aos novos saberes pouco contribuiu para o avanço da ciência e da tecnologia.

Tudo indica que os novos tempos exigem outra relação entre trabalho e conhecimento, entre o mercado e a sua cadeia produtiva, entre a cadeia produtiva e a indústria, entre a indústria e a empresa, entre a empresa e o trabalhador, e, principalmente, entre o homem trabalhador e as suas competências profissionais. Nas condições atuais da sociedade da informação, as relações entre o trabalho social e a produção do conhecimento tendem a se estreitar drasticamente. Isso ocorre na medida em que o conhecimento científico se transforma de modo instantâneo e adquire *status* de mercadoria. Na prática, as empresas estão deixando de ser apenas o local onde se faz, para se tornarem, cada vez mais, os lugares onde se pensa. A produção se rende à Era da Inovação. Essa é uma problemática que as instituições de ensino não podem deixar de abordar, já que há impacto direto e decisivo sobre o objetivo maior: a própria essência da educação, ou seja, gerar conhecimento.

Apesar de as universidades corporativas não serem reconhecidas pelo Ministério da Educação (MEC)[5] como instituições de educação superior ou mesmo profissionalizante, esse novo modelo de ensino ganha força e cada vez mais espaço nas organizações brasileiras e estrangeiras. A previsão é de que o número de empresas norte-americanas com processos de educação corporativa supere o de universidades tradicionais nos próximos cinco anos. Nos Estados Unidos, há pouco mais de quatro mil instituições de ensino superior, quase oito vezes mais que no Brasil.

No Brasil, pelo menos 500 organizações brasileiras ou multinacionais,[6] tanto na área pública quanto na esfera privada, já implementam sistemas educacionais pautados pelos princípios e pelas práticas das universidades corporativas. Os dados do Censo da Educação Superior de 2009, divulgados pelo Instituto Nacional de Estudos e Pesquisas Educacionais Anísio Teixeira (Inep),[7] revelaram a existência de 2.314 instituições de ensino superior. Enquanto o crescimento destas foi de cerca de 90% em relação a 2000, o das universidades corporativas, no Brasil, superou em muito esse percentual.

A justificativa está na percepção entre as lideranças empresariais de que o maior desafio para construir e administrar a empresa do futuro, independentemente de seu porte ou ramo de atuação, é o que fazer para recrutar, capacitar e manter os profissionais preparados para enfrentar a competitividade sem fronteiras, cada vez mais agressiva e em escala global.

Educação corporativa é um tema que desempenha papel de destaque na agenda das organizações e dos executivos, por ser apontado como a ponte entre o desenvolvimento de talentos e os objetivos e as estratégias empresariais. A necessidade de manter sua força de trabalho atualizada e motivada, em um cenário cada vez mais imprevisível e complexo, motivou a proliferação das universidades corporativas dentro de grandes, médias e até mesmo em pequenas corporações. Esse é um fenômeno recente no mundo empresarial: há pouco mais de uma década, as empresas começaram a se dar conta de que precisavam agir de forma direta e sistemática quanto à formação de seus quadros profissionais.

Até meados do século passado, admitia-se que uma pessoa pudesse se formar na escola e, depois, fosse trabalhar em uma organização, em um emprego que seria para a vida toda. Esse era o retrato do mundo capitalista, isto é, acreditava--se que um estoque de conhecimentos que a pessoa adquiria poderia durar para sempre. Hoje, essa lógica não faz mais sentido, na perspectiva de uma sociedade em que o conhecimento está em fluxo contínuo e tem de ser constantemente atualizado pelo jovem que busca um emprego ou pelo profissional que pretende manter-se no mercado de trabalho. A estimativa é de que, em 2020,[8] o conhecimento registrado seja dobrado a cada 73 dias.

A percepção sobre a redução da validade do conhecimento está fazendo com que as organizações busquem novas opções, de modo a não ficarem aprisionadas pelo modelo escolar de aprendizagem das instituições de ensino tradicionais para capacitar e manter constantemente atualizada sua força de trabalho. A obsolescência do conhecimento também está diretamente ligada à crise no emprego ou ao fim do emprego, pelo menos como o entendemos.

A organização do século XXI, mais competitiva por natureza, deixa clara a relação entre o desenvolvimento de competências por meio de programas de educação corporativa e sua própria sobrevivência. Para essas organizações, os modelos tradicionais de ensino-aprendizagem precisam ser revisados ou decisivamente transformados em um processo de mudança que revela que o emprego para a vida toda já não é mais uma realidade para a maioria, mesmo em países como o Japão.

Nos anos 1990, considerados de vanguarda industrial na América do Norte, o número de trabalhadores norte-americanos com um ano ou dois de ensino superior chegou a 25% da força de trabalho do setor secundário, contra 17% em 1985.[9] Nos Estados Unidos, o número de jovens na faixa etária entre 18 e 24 anos, que, na década de 1970, representavam 80% do mercado de educação superior, hoje é de pouco mais de 50%.

Aqui no Brasil, pesquisa realizada pela Federação das Indústrias do Rio de Janeiro (Firjan), em parceria com a FGV, levantou as perspectivas do mercado de trabalho no Rio de Janeiro até 2015. Por trás desse estudo está a preocupação com a possibilidade de um "apagão" de profissionais qualificados para atender à atual demanda do mercado de trabalho.

Os resultados evidenciam a importância da pós-graduação *lato sensu* para a ascensão profissional tanto no que se refere a cargos de diretoria (indicado por 48% dos respondentes) quanto a cargos de gerência (indicado por quase 57% dos entrevistados). Vale chamar a atenção para o fato de que o título de doutorado/mestrado foi considerado essencial por quase 13% dos inquiridos em relação a cargos de diretoria, e por pouco mais de 7% em relação a cargos de gerência. J.C. Meister e Marisa Eboli aprofundam a discussão sobre a necessidade organizacional de um controle mais estreito sobre o processo de aprendizagem, relacionando os programas de capacitação e aprimoramento profissional às metas e aos objetivos estratégicos das empresas.

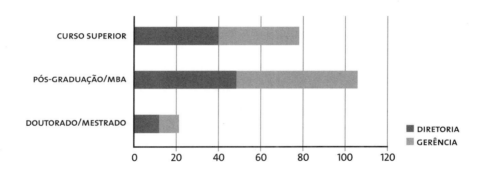

GRÁFICO I.1 – PERSPECTIVA DE FORMAÇÃO REQUERIDA: ÁREA DE GESTÃO

Fonte: Starec, 2009. Adaptado de Sistema Firjan – Perspectivas do Mercado de Trabalho no Rio de Janeiro até 2015.

Quanto à área operacional, a pós-graduação *lato sensu* continua sendo exigência preponderante para a ascensão profissional aos cargos de diretoria (indicada por 48% dos pesquisados). Para a área de Gerência, a exigência que tem mais peso é o curso superior (indicada por quase 52% dos entrevistados), embora a pós-graduação *lato sensu* tenha sido indicada por 44% dos respondentes. Vale atentar para o fato de que o título de doutorado/mestrado foi considerado essencial por 11% dos respondentes em relação a cargos de diretoria.

Os dados dessa pesquisa evidenciam o quanto a formação é tida como estratégica para organizações industriais, que foram, segundo o Ministério do Trabalho, responsáveis, no ano de 2010, por quase 11 milhões de empregos na economia brasileira. Dados da Confederação Brasileira da Indústria (CNI) alertam que a indústria brasileira cresceu menos em 2010 por falta de mão de obra qualificada.

TABELA I.1 – PERSPECTIVA DE FORMAÇÃO REQUERIDA: ÁREA OPERACIONAL

	DIRETORIA	GERÊNCIA
DOUTORADO/MESTRADO	10,9%	4,9%
PÓS-GRADUAÇÃO/MBA	50,5%	43,2%
CURSO SUPERIOR	38,6%	51,9%
TOTAL	100%	100%

Fonte: Starec, 2009. Adaptado de Sistema Firjan – Perspectivas do Mercado de Trabalho no Rio de Janeiro até 2015.

A análise dos resultados referentes à área profissional de gestão evidencia a conscientização das empresas quanto à importância do foco no cliente para o desenvolvimento da competitividade. A pesquisa aponta que o maior interesse da indústria está no setor de Gestão; as três áreas que obtiveram maior índice de perspectivas profissionais foram as de atendimento ao cliente, marketing e comercial. Esses dados já dão a clara dimensão sobre a relevância da educação corporativa nas organizações brasileiras e a carência de profissionais qualificados.

Na mesma direção da pesquisa da Firjan, o Serviço de Apoio às Micro e Pequenas Empresas (Sebrae) no Brasil atesta que o brasileiro é um povo empreendedor por natureza. A pesquisa Fatores Condicionantes e Taxa de Mortalidade de Empresas no Brasil (2004) é considerada uma das mais completas sobre o assunto já realizadas no país. Nada menos do que 5.700 empresas foram ouvidas.

Os dados são impressionantes: das 470 mil empresas abertas todos os anos nas juntas comerciais do Brasil, quase metade fecha as portas nos 2 primeiros anos de existência e 60% não sobrevivem a 4 anos de mercado. No Sudeste, os números não são diferentes: 61% das empresas abertas em 2000 deixaram de existir 4 anos depois.

O impacto da mortalidade das empresas se reflete diretamente na perda da competitividade do país, apontada por vários indicadores internacionais. Entre 2000 e 2002, mais de 772 mil empresas deixaram de existir; mais de 2,4 milhões de postos de trabalho foram reduzidos e se calcula que seja de R$ 20 bilhões o desperdício econômico com o encerramento dessas empresas.

Segundo o Sebrae (2004), as principais causas do encerramento prematuro das atividades de empresas brasileiras foram:

- falhas gerenciais;
- causas econômicas conjunturais;

- logística operacional; e
- políticas públicas e arcabouço legal.

Entre as falhas gerenciais que levaram ao fechamento dessas empresas, a pesquisa do Sebrae indicou, em primeiro lugar, o descontrole de fluxo de caixa (para 42% dos entrevistados). Para 25% dos inquiridos, o segundo maior motivo foi a falta de clientes. Tais falhas talvez tenham sido provocadas por decisões equivocadas.

Essa pesquisa ainda revela que as questões relacionadas ao gerenciamento do negócio são determinantes para o sucesso ou o fracasso do empreendimento. Constata-se que as empresas brasileiras "morrem" mais em virtude de falhas gerenciais ou da carência de competências essenciais dos gestores/administradores que por causa de problemas conjunturais ou da taxação tributária.

As falhas gerenciais estão relacionadas à falta de planejamento na abertura do negócio – o empreendedor não avalia, de forma estratégica, elementos importantes para o sucesso do empreendimento, deixando de verificar, por exemplo, a existência de concorrentes nas proximidades do ponto escolhido, a presença potencial de consumidores etc. Se não falta o que se convencionou chamar "espírito empreendedor", há carência de competências básicas para que o brasileiro possa empreender com mais chances de sucesso. Essa lacuna fica evidenciada no resultado de outra pesquisa sobre qualificação de pessoal no setor de Telecomunicações. As empresas do setor responderam que a principal dificuldade para qualificar seus funcionários foi a lacuna entre o aprendizado na escola e a necessidade organizacional.

QUADRO I.1 – DIFICULDADES PARA QUALIFICAR OS TALENTOS

DESCRIÇÃO	PERCENTUAL
Distância entre o aprendizado da escola e a necessidade da empresa	20%
Alto custo de investimento	14%
Falta de incentivos fiscais para quem investe em educação corporativa	14%
Falta de intercâmbio entre as próprias empresas do setor na área de formação	11%
Excesso de compromissos e desafios impedindo a conciliação de agendas	11%
Falta de crédito subsidiado para formação profissional	7%
Falta de previsão orçamentária para treinamento	4%
Outros (*turn-over*, falta de exemplo dos dirigentes, problemas culturais)	19%
TOTAL	100%

Fonte: Pesquisa sobre Qualificação de Pessoal no Setor de Telecomunicações, realizada em 2006, pela Federação Brasileira das Empresas de Telecomunicações.

O IBGE confirma os dados levantados pelo Sebrae: no início dos anos 2000, 65% das empresas brasileiras fecharam antes de completar um ano. O universo pesquisado, envolvendo mais de 4 milhões de empresas em todo o Brasil, de micro a grandes empreendimentos, que empregavam 30 milhões de pessoas, demonstra a situação financeira dessas empresas e a dificuldade de continuarem ativas no mercado.

Já no último levantamento sobre Fatores Condicionantes de Taxas de Sobrevivência e Mortalidade de Micro e Pequenas Empresas, o Sebrae revelou significativa evolução nas taxas de sobrevivência dessas empresas brasileiras. O estudo, realizado nas 27 unidades da federação, rastreou, no primeiro semestre de 2007, 14.181 empresas, criadas entre 2003 e 2005, das quais 13.428 eram ativas e 753, extintas. A pesquisa mostrou melhora na taxa de sobrevivência das pequenas empresas brasileiras. O percentual das que sobrevivem pelo menos dois anos passou de 51 em 2002, para 78, em 2005, ou seja, 27% a mais não fecharam suas portas.

A formação dos empreendedores e a capacitação permanente estão entre os fatores relacionados à melhora da qualidade empresarial que tiveram importante contribuição para o aumento da taxa de sobrevivência das pequenas empresas. Segundo o estudo, os empresários que têm curso superior completo ou incompleto já são 79% do total. Em resumo, temos atualmente gestores muito mais preparados para enfrentar os desafios do mercado.

O estudo do Sebrae conclui que esses empresários mais bem qualificados, em um ambiente econômico mais favorável, passaram a cuidar melhor de suas empresas e a desperdiçar menos suas energias com eventuais problemas da conjuntura econômica. Programas de treinamento passaram a fazer parte da agenda do empresariado brasileiro – cerca de 40% dos executivos das empresas ativas, nesses últimos anos, afirmaram ser esta uma política necessária, uma vez que pessoal mais bem capacitado aumenta a competitividade da empresa.

Esse quadro é ainda mais alarmante quando analisamos as Micro e Pequenas Empresas (MPEs), que representam quase 99% do total de empresas no país. Segundo o Sebrae (2007), 22% das MPEs decretaram falência antes de completar 2 anos de existência. Isso representa 436.358 empresas que encerraram as atividades, no triênio 2005-2007, causando prejuízo de mais de R$ 2 bilhões, que deixaram de entrar na economia só com a remuneração média percebida pelos 9.127.819 empregados dessas empresas.

Por outro lado, as estimativas da Organização para Cooperação e Desenvolvimento Econômico (OCDE) apontam que a indústria da educação movimenta, a cada ano, mais de US$ 2,2 trilhões em todo o mundo. Parte dessa importância, em torno de 15%, fica nos países em desenvolvimento. Não é por acaso que esse é um dos mercados que mais cresce no Brasil. O Censo da Educação Superior de 2009 demonstra um cenário de alta competitividade, como se pretende apresentar neste livro: 75% da educação superior no Brasil é privada. Em estados como o Rio de Janeiro, esse percentual já ultrapassa os 80%.

Toda essa discussão leva à seguinte questão: O aprendizado, por meio de sistemas de educação corporativa, aumenta a produtividade e gera eficácia operacional e inovação nas empresas brasileiras de maneira geral? É importante ressaltar que o principal objetivo ao escrever este livro foi questionar se o conhecimento gerado pela educação corporativa gera ou não impacto relevante, ou seja, o real aumento de produtividade e de inovação nas organizações brasileiras públicas ou privadas. *Educação corporativa em xeque* traz uma série de discussões sobre como as organizações conseguem medir com eficácia o resultado dos treinamentos e qual seria, de fato, o retorno real sobre o investimento em educação corporativa. No intuito de tentar responder a essas perguntas, sugerem-se indicadores para mensurar, de forma sistemática e pragmática, o retorno dos crescentes investimentos na área.

A discussão recai sobre o papel da educação brasileira, mais precisamente do ensino superior e profissionalizante. Não pretendemos aprofundar o debate sobre o papel da academia no avanço do conhecimento, mas investigar e analisar as necessidades informacionais, de conhecimento e competências das organizações, entendendo-as como essenciais à sobrevivência no ambiente competitivo. Desse modo, não se pode deixar de levantar dados sobre o perfil sociocultural do brasileiro, uma vez que este terá impacto decisivo sobre a qualidade do profissional que aporta ao mercado de trabalho e chega cada vez mais despreparado, na percepção das próprias organizações.

Uma informação relevante é a de que não faltam verbas para a educação. Segundo a United Nations Educational, Scientific and Cultural Organization (Unesco), o Brasil já despende com educação o equivalente ao gasto de países como Itália, Espanha e Japão, e mais que o Chile e a Argentina. Esse investimento é endereçado basicamente à educação superior – uma estimativa feita pelo Inep revelou que o custo de um universitário era, em 1996, 13 vezes maior que o de um aluno do ciclo básico e quase 10 vezes maior que um do ensino médio.

Como decorrência desse novo ambiente competitivo, as instituições de ensino superior enfrentam excesso de oferta, com destaque para a chegada de novos estudantes das classes C, D e E. Segundo o MEC, no ano de 2010, efetuou-se no Brasil um total de 6.379.299 matrículas; apesar de um aumento de 110% em relação a 2001, o Gráfico 1.2 mostra tendência de estagnação do número de ingressantes na graduação tradicional.

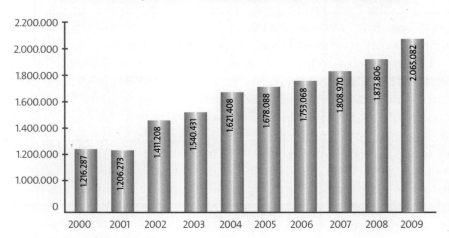

Fonte: Starec, 2010. Adaptado de Inep, MEC.

Segundo a Associação Brasileira das Mantenedoras de Ensino Superior (Abmes), esses dados apontam para a estabilização no crescimento da população universitária no Brasil, impulsionado pelos seguintes fatores:

- estabilização nas matrículas e no número de concluintes do ensino médio brasileiro;
- fim da demanda reprimida dos que não eram aprovados em nenhum processo seletivo;
- diminuição da população brasileira nas faixas etárias de 15 a 17 anos e 18 a 24 anos;
- diluição excessiva da demanda, devido ao excesso de vagas ofertadas (duas vagas por candidato); e
- evidências da redução na demanda reprimida de pessoas na faixa etária acima de 24 anos que ainda não possuem ensino superior.

É sempre bom destacar que a meta do governo, expressa no Plano Nacional de Educação (PNE), é chegar a 2020 com 33% dos jovens na faixa etária dos 18 aos 24 anos matriculados no ensino superior. Hoje, esse percentual atinge pouco mais de 17% do total, segundo o último censo do MEC. A evolução do número de estudantes matriculados em cursos tecnólogos no Brasil, como demonstra o Gráfico I.3, é um indicador que reflete tendência a uma formação mais prática, mais voltada às necessidades do mercado e das empresas:

GRÁFICO I.3 – EVOLUÇÃO DAS MATRÍCULAS NOS CURSOS TECNÓLOGOS NO BRASIL (2009)

Fonte: MEC, Inep. Censo da Educação Superior de 2010.

O número de matrículas nos cursos tecnólogos cresceu quase 800% no período de 2000 a 2009. É importante ressaltar que esses programas visam ao atendimento de demandas específicas da formação superior profissionalizante. Seus cursos têm menor duração que os de bacharelado e de licenciatura, e fornecem aos aprovados o diploma de tecnólogo. O Censo Escolar do MEC de 2010 atesta o fortalecimento da educação profissional no Brasil, a qual teve um acréscimo de 75% no número de matrículas entre 2002 e 2010.

Entre todos os dados do Índice de Desenvolvimento Humano (IDH) do Brasil, a educação estagnou. Ficamos em um modesto 84º lugar entre 187 nações e atrás de 19 países da América Latina. Nos últimos 20 anos, foi possível inserir nas escolas 98% das crianças de 7 a 14 anos e se registrou um crescimento significativo entre os concluintes do ensino médio. Ao mesmo tempo, o Brasil está na lanterna (na quinquagésima terceira posição entre 65 países) dos testes – como o Programa Internacional de Avaliação Comparada (Pisa, 2009) –, que medem a aprendizagem de estudantes em vários países, em disciplinas básicas, como a Matemática. Um olhar mais atento para esses dados pode evidenciar a seguinte realidade: a qualidade da educação no Brasil está sendo reprovada.

Segundo os dados do Instituto Brasileiro de Opinião Pública e Estatística (Ibope),[10] metade das crianças do sexto ano do ensino fundamental não entende o que lê, e apenas 26% dos adultos conseguem ler e compreender o conteúdo de um livro, enquanto 74% têm problemas de leitura. Esse é um dos maiores desafios das organizações na sociedade da informação, do conhecimento e do aprendizado: minimizar os efeitos da baixa qualidade do ensino no Brasil.

O IBGE aponta para uma relação direta entre os anos dedicados ao estudo e à renda. As informações extraídas da PNAD, do IBGE, de 2005 a 2006, e confirmadas com a de 2007 e 2008, em que estão representados os anos de escolaridade por quartil de renda, considerando a população com idade de 10 anos ou mais, revelam melhora no nível de emprego entre 2006 e 2008. Os dados apontam para uma dura realidade, em que mais de 50% dos brasileiros que não têm instrução ou com menos de um ano de escolaridade estão desempregados, enquanto esse percentual cai para menos de 20% entre os que têm mais de 11 anos de estudo. Observa-se que, quanto maior for o número de anos dedicados ao estudo, menor será o desemprego e maiores serão as oportunidades e a renda do trabalhador.

O Brasil é conhecido por ter um dos mais elevados níveis de desigualdade no mundo, cujas causas estão justamente ligadas à baixa qualidade ou mesmo à falta de qualidade na educação brasileira (principalmente nos ensinos fundamental e médio).[11] O reflexo direto desse problema pode ser percebido na mão de obra que chega ao mercado de trabalho.

Nos últimos anos, surgiu uma nova abordagem em relação ao problema da desigualdade no Brasil. A FGV promoveu vários estudos que apontam que essa questão se baseia na percepção de que a baixa renda *per capita* está relacionada à concentração de indivíduos com baixa escolaridade (capital humano). Menos anos de estudo significam menor renda, conclui a pesquisa.[12] Para completar esse quadro, a OCDE situa o Brasil entre os países que mais investem em educação em relação ao Produto Interno Bruto (PIB) – em torno de 4,5% do PIB –, mas, ao mesmo tempo, é um dos países em que menos pessoas completaram o ensino superior.

Os dados da PNAD (2007) revelam que, em geral, as diferenças de renda produzem uma lacuna de cinco anos de escolaridade entre os 25% mais pobres, cuja renda *per capita* era de até um salário mínimo, e os 10% mais ricos, que tinham renda familiar média entre 5 e 20 salários mínimos. A Tabela I.2 e o Gráfico I.4 demonstram, com clareza, que, quanto maior for a escolaridade, maior será a renda familiar. Em parte, tais diferenças podem ser explicadas por questões de discriminação social, mas o principal fator seriam os diferentes investimentos que as famílias fazem na educação de seus filhos. A baixa escolaridade ou a baixa qualidade do aprendizado refletirão diretamente na necessidade de as empresas investirem na capacitação de seus funcionários. A pesquisa da FGV intitulada "Você no Mercado de Trabalho" mostra claramente o momento em que o jovem abandona a sala de aula e se lança no mercado de trabalho.

TABELA I.2 – NÚMERO DE PESSOAS DE 10 ANOS OU MAIS, OCUPADAS NA SEMANA DE REFERÊNCIA, POR GRUPOS DE ANOS DE ESTUDO, SEGUNDO O SEXO E AS CLASSES DE RENDIMENTO MENSAL DE TODOS OS TRABALHOS (BRASIL – 2005)

SEXO E CLASSES DE RENDIMENTO MENSAL DE TODOS OS TRABALHOS	TOTAL	SEM INSTRUÇÃO A MENOS DE 1 ANO	1 A 3 ANOS	4 A 7 ANOS	8 A 10 ANOS	11 A 14 ANOS	15 ANOS OU MAIS	NÃO DETERMINADOS E SEM DECLARAÇÃO
TOTAL	87.089.976	8.299.309	10.122.100	23.309.369	14.286.156	23.784.292	7.041.900	7.246.850
ATÉ 1/2 SALÁRIO MÍNIMO	8.781.405	1.882.725	1.692.221	2.968.203	1.402.858	779.349	24.269	31.780
MAIS DE 1/2 A 1 SALÁRIO MÍNIMO	17.757.073	2.390.111	2.666.114	5.478.773	3.387.319	3.603.601	166.216	64.939
MAIS DE 1 A 2 SALÁRIOS MÍNIMOS	24.898.828	1.520.916	2.441.328	7.143.143	4.865.884	8.165.969	670.957	90.631
MAIS DE 2 A 3 SALÁRIOS MÍNIMOS	8.736.392	253.013	536.475	1.930.013	1.576.431	3.742.533	679.319	18.608
MAIS DE 3 A 5 SALÁRIOS MÍNIMOS	8.159.213	128.548	302.471	1.323.707	1.159.612	3.642.495	1.591.230	11.150
MAIS DE 5 A 10 SALÁRIOS MÍNIMOS	5.121.828	41.534	108.817	478.897	494.047	2.075.570	1.921.781	1.182
MAIS DE 10 A 20 SALÁRIOS MÍNIMOS	1.883.339	9.767	19.516	104.274	88.752	519.337	1.141.693	–
MAIS DE 20 SALÁRIOS MÍNIMOS	728.003	2.229	4.812	31.774	24.820	140.763	523.605	–
SEM RENDIMENTO	10.031.691	1.988.722	2.275.738	3.689.493	1.169.896	776.569	103.609	27.664
SEM DECLARAÇÃO	992.204	81.744	74.608	161.092	116.537	338.106	219.221	896

Fonte: IBGE, Diretoria de Pesquisas, Coordenação de Trabalho e Rendimento. PNAD, 2005-2006.

GRÁFICO I.4 – MERCADO DE TRABALHO E RENDA
Retorno educacional por anos de estudo – 2007

Fonte: Centro de Políticas Sociais (CPS)/FGV com base nos microdados da PNAD 2007/IBGE.

O analfabetismo é outro ponto que merece destaque: apesar de seus indicadores estarem caindo no Brasil, dados do IBGE indicam que, da atual população de 190 milhões de brasileiros, mais de 16 milhões são analfabetos, o que representa mais de 9% da população. É também significativo o percentual de brasileiros que podem ser classificados como analfabetos funcionais, isto é, aqueles que sabem escrever seu nome, ler algumas palavras, mas são incapazes de fazer uma pequena redação, com apenas um parágrafo. Segundo dados do Instituto de Pesquisa Econômica Aplicada (Ipea), há mais de 14 milhões de brasileiros nessa situação.

O mais grave de tudo é que, com metodologias como a aprovação automática, instituída, até 2008, na Rede Municipal de Ensino do Rio de Janeiro (considerada a maior da América Latina), por exemplo, tornou-se comum encontrar universitários que mal conseguem ler, que são incapazes de interpretar pequenos textos ou de formular questões relevantes. Se a mudança se dá por meio da educação e a competitividade pode ser medida pela qualidade do material humano de que as organizações dispõem, essa realidade cobrará um alto preço para o Brasil nos próximos anos.

As organizações são as mais afetadas por esse cenário, já que precisam de um aprendizado mais dinâmico, mais voltado a seu dia a dia, e o modelo de ensino tradicional falha em atender com rapidez a essa demanda, considerada crítica para a implementação de estratégias de negócios. Pode-se discutir se esse é ou não um dos objetivos das instituições de ensino, de forma geral, mas o fato é que existe uma lacuna relativa à formação e à capacitação profissional que hoje passa a ser atendida pela educação corporativa. O que está sendo levantado não deve ser interpretado como diminuição da importância do papel da academia. A relevância das instituições de ensino no desenvolvimento de qualquer sociedade, estado ou nação, bem como na produção de conhecimento, é indiscutível.

Por outro lado, um dos principais papéis da educação corporativa é promover o desenvolvimento das competências organizacionais e individuais. Trata-se de adaptar a formação de recursos humanos aos negócios da organização, de implantar sistemas educacionais que privilegiem o desenvolvimento de posturas, e não apenas de conhecimento generalista, técnico e instrumental. Por que essa tarefa não pode ser exercida pelas instituições de ensino superior ou profissionalizante?

A exigência de um ensino mais prático, voltado aos objetivos e às práticas organizacionais, provoca uma nova discussão no ambiente educacional: Como as empresas podem incorporar novos conhecimentos e medir o impacto dos investimentos em educação corporativa para o negócio? Este livro pretende estar na vanguarda desse debate e estimular uma profunda reflexão sobre o assunto.

A proposta é mostrar como podemos contribuir, de forma decisiva, para aprofundar as discussões que estão apenas começando.

O QUE VOCÊ ENCONTRARÁ NESTE LIVRO

O Capítulo 1, **Aleph**, apresenta a educação corporativa com um paralelo do rito de passagem do homem como "ser pensante", informacional, que busca e valoriza o aprendizado como uma questão de sobrevivência nessa nova sociedade da informação.

O Capítulo 2, **Ethos**, aborda especificamente a informação e a educação corporativa no contexto de uma nova sociedade e seus principais desafios. Depois, articula os conceitos de educação corporativa com temas que fazem interface com o mundo do trabalho e o universo informacional, a gestão de negócios, a estratégia e as novas tecnologias do saber.

Já no Capítulo 3, **Ritus**, o papel da informação, do conhecimento e do aprendizado é debatido em relação às possibilidades de transferência da informação nas organizações educadoras. Os novos paradigmas da sociedade do conhecimento são abordados.

No Capítulo 4, **Hybris e Nemesis**, são apresentadas as questões específicas à busca dos indicadores. A meta consiste em revelar, na prática corporativa, se é possível trabalhar com um modelo de indicadores quantitativos e qualitativos de *performance* das universidades corporativas.

Finalmente, **Práxis**, o Capítulo 5, coloca em xeque a educação corporativa e os sistemas de avaliação: "Até que ponto o informar altera o informado, o conhecer modifica o conhecimento e o produzir impacta o produzido?"

Ao término da leitura, espero ter levado você, caro leitor, a refletir e a discutir se os investimentos crescentes em educação continuada são realmente um bom negócio para as organizações. Preciso deixar claro que meu objetivo com a publicação de *Educação corporativa em xeque* é provocar ao máximo essa discussão, gerar o debate e a troca de ideias. No mais, boa leitura!

capítulo 1

Aleph

Aleph, Alif, Alfa. Primeira letra do alfabeto, sagrado princípio de ordem, magia de infinitas combinações que eternizam em um cosmos a alma e a inteligência do homem. O homem, transmutado pelo ideograma cabalístico na letra Aleph, que assinala o ciclo da vida e a Terra para indicar que o mundo inferior é o espelho e é o mapa do superior... Alfa, Alif, Aleph... O que a eternidade é para o tempo, o Aleph é para o espaço. Na eternidade, todo o tempo, passado, presente e futuro, coexiste simultaneamente. No Aleph, a soma total do universo espacial encontra-se em uma diminuta esfera resplandecente de pouco mais de três centímetros.

– Jorge Luis Borges
O Aleph, 2001

1.1 // O *HOMO SAPIENS*: HOMEM INFORMACIONAL

Quando Charles Darwin[1] observou animais no arquipélago de Galápagos, há algumas centenas de anos, constatou que as espécies capazes de sobreviver não eram as mais fortes nem as mais inteligentes, porém as mais adaptáveis ou mais flexíveis ao ambiente. Com base nessa constatação, formulou a Teoria da Evolução.

Durante milhares de anos, no processo de evolução da espécie humana, sobreviver era tudo o que importava. No entanto, para permanecer vivo em um ambiente hostil, o *Homo sapiens* precisou superar os próprios limites, aprender e reaprender a todo instante, gerar conhecimento em relação ao que era vivenciado. O homem teve de se reinventar a cada dia durante o processo de evolução e aprendeu, essencialmente, que era possível "domar" a natureza de tudo em benefício próprio; foi assim com o fogo, a terra, a água, o ar e até com as relações com outros homens.

É interessante observar que o processo de humanização do *Homo sapiens* ocorreu essencialmente por conta de sua capacidade de aprender, entender as transformações ambientais e tirar proveito do processo de evolução biológica. Essa perspectiva fez com o que o gênero *homo* se mostrasse capaz de uma aprendizagem relativamente complexa, daí a capacidade de trabalho, de fazer escolhas, lidar com informações cada vez mais complexas, traçar estratégias e planos, construir algum conhecimento com base na socialização das informações coletadas e criar de alguma forma de cultura ou de saber.

É possível afirmar que o gênero *homo* surge da necessidade de sobrevivência da espécie, por meio da coleta de alimentos, em um primeiro momento, e, mais tarde, da caça. Em alguma ocasião nesse processo de humanização, o homem percebeu que, para sobreviver, era necessário mudar sua fonte de sustento: deixar de ser vegetariano para se tornar caçador de outros animais.

As estratégias de caça, a comunicação sobre a caça, a aprendizagem e o conhecimento sobre o processo da caçada fizeram do homem um predador capaz de enfrentar e moldar o predomínio do ambiente natural. Essas necessidades o levaram à possibilidade dar forma a seu ambiente, de ser o dono de seu destino. A necessidade básica da sobrevivência tornou o homem capaz de superar os próprios limites.

Os antepassados do homem aprenderam o valor das informações sobre o ambiente e as vantagens de caçar em grupo. Nesse período, surgem o trabalho e a linguagem (por mais rudimentar que fosse a arte rupestre, este era o meio de comunicação do homem das cavernas). O próximo passo da evolução da espécie seria desenvolver o conhecimento e a cultura. Os clãs ou grupos pré-históricos tinham uma estrutura social complexa, embora sua principal preocupação fosse com as questões básicas: comer, procriar, defender-se e abrigar-se; quer dizer, o ciclo da vida era moldado, gerenciado, pela necessidade de sobrevivência em um ambiente hostil.

A origem do gênero *homo* remonta à família dos hominídeos, que deve ter povoado a Terra há 4 ou 5 milhões de anos. Apesar de toda a polêmica em torno dos detalhes do processo de evolução, ficou estabelecido que o gênero *homo* é aquele capaz de trabalho e de arbítrio, de decidir e fazer escolhas seguindo a própria consciência. Há 500 mil anos, o *Homo erectus* aprendeu a utilizar o fogo. Os "filhos do fogo" começaram a fabricar utensílios e caçar coletivamente. Foi uma evolução lenta, condicionada ao sucesso das condições materiais e sujeita a todo tipo de adversidades.

Por essa perspectiva, o *Homo sapiens* pode ser entendido como um conjunto complexo de capacidades, competências e habilidades, como o trabalho, a inventividade, a aprendizagem e a comunicação em suas mais diversas formas de linguagem. Por essa ótica, o trabalho pode ser visto como fundamento da sociabilidade humana, tornando-se indispensável na caracterização do homem como ser social.

A capacidade única do homem de se apropriar e interferir no ambiente natural segundo seus interesses e suas necessidades foi se ampliando, à medida que o processo de humanização avançava. O controle do fogo pelo *Homo erectus*, há cerca de 500 mil anos, é considerado um dos marcos mais relevantes dessa transformação. O *Homo sapiens* surgiu, perto de 200 mil anos atrás, como uma evolução linear do homem pré-histórico. Durante centenas de milhares de anos, o trabalho humano agiu essencialmente sobre aquilo que o ambiente oferecia, como plantas, animais e minérios. Os artefatos ou as ferramentas de caça e de pesca eram feitos com pedaços de madeira, ossos de animais ou pedras. Lentamente, a natureza mostrava ao homem o caminho da evolução.

Há 10 mil anos, o *Homo sapiens* introduziu uma grande inovação cultural, com a agricultura sedentária, ao controlar o ciclo de algumas plantas; o aumento da produção exigiu a invenção de instrumentos de coleta e de armazenamento, ou seja, marcou o aparecimento da cerâmica. A História, como vários autores descrevem, é um longo processo de apropriação da natureza por parte do trabalho do homem social, manifestando-se na forma de conhecimento transmitido para as gerações seguintes, por meio de aprendizagem oral.

É interessante observar que a evolução humana está associada à tríade energia-conhecimento-comunicação. De acordo com esse critério, o primeiro grande movimento, do ponto de vista energético, é marcado pela busca do alimento (coleta ou caça) e pelos constantes deslocamentos do homem, provocados pelo incessante empenho em garantir a sobrevivência de seu clã de forma imediata e, em última instância, da espécie humana.

Tempos mais tarde, Marx[2] classificou de princípio da acumulação a capacidade humana de se apropriar do conhecimento e utilizá-lo no processo de trabalho, como forma de diferenciação de outras espécies de animais e do próprio homem. Alguns primatas até têm a capacidade de alterar o ambiente em seu próprio benefício, outros até conseguem se expressar por meio de formas rudimentares de linguagens – tudo indica que tenham a mesma inteligência do homem pré-histórico –, mas nenhum animal, como o homem, é capaz de arbitrar e recriar o ambiente, quer dizer, gerar um conhecimento específico sobre a natureza e sobre si próprio.

A maior parte de todas as invenções e inovações de que se tem conhecimento foi desenvolvida dentro da atual, a octingentésima geração, que marca uma ruptura profunda com toda a experiência humana do passado. Dentro de uma única geração, a agricultura, base original da civilização, perdeu seu domínio, região por região. Hoje, nos países mais ricos, a agricultura emprega apenas entre 10% e 15% da população economicamente ativa.

A humanidade passou por vários ciclos expansivos do conhecimento. O século XX foi marcado, em um primeiro momento, pelo paradigma fordista--taylorista de produção em escala. O capital passou a ser o fio condutor das organizações modernas, com o objetivo de ampliar a produtividade e a competitividade. Segundo David Harvey, o modelo de acumulação fordista deu lugar à acumulação flexível, em uma compressão do espaço-tempo das relações, em uma ruptura de temporalidade que seria intrínseca à lógica do capital financeiro.

A década de 1950 marca o início de um novo ciclo, no qual mais da metade da força de trabalho nos Estados Unidos já não usava os macacões azuis, típicos dos operários de chão de fábrica, nem empurrava o arado. Os trabalhadores industriais começaram a ser substituídos e superados em número pelos *trabalhadores do conhecimento* (*brain workers*), como chamou Domenico de Masi.[3]

Foi Daniel Bell[4] quem popularizou o termo "sociedade pós-industrial". Para ele, a sociedade pós-industrial era uma continuação da sociedade industrial em escala global e caracterizava-se, sobretudo, pelo predomínio dos trabalhadores do setor terciário. Bell levantou a questão de que, em 1870, de 13 milhões de pessoas empregadas, apenas 3 milhões se dedicavam à área de Serviços; em 1940, de 50 milhões de trabalhadores nos Estados Unidos, mais de 24 milhões se encontravam nesse setor; em 1956, o número de trabalhadores da área administrativa já superava o da área de Produção. O que Daniel Bell constatou foi que, no processo de evolução, o *Homo sapiens* se transformou no *Homo informalis*, um novo ser capaz de interferir na relação tempo-espaço-conhecimento como nunca foi visto ou tentado antes. *Homo informalis* é o ser supremo de um admirável novo mundo informacional, individualizado, informatizado, interativo, ininterrupto, interligado, inovador, instantâneo, inquietante e instável.

O *Homo informalis*, durante 5 mil anos, usou a informação oral como base para o aprendizado; hoje, as novas Tecnologias da Informação e de Comunicação (TICs) fizeram com que o acesso à informação fosse pulverizado, quase universalizado, mas, com a tecnologia, surgiu também a sobrecarga de dados, a hiperinformação, como será discutido ainda neste capítulo.

1.2 // A CONDIÇÃO DA INFORMAÇÃO: DO CAOS DOCUMENTÁRIO À REVOLUÇÃO DO CONHECIMENTO

Até meados do século passado, acreditava-se que, "como regra geral, o homem mais bem-sucedido na vida era aquele que dispunha das melhores informações".[5] O que se discute hoje é que não basta ter informação ou apenas acesso a ela; é preciso saber usar adequadamente a informação ou o conhecimento adquirido por meio de um processo de educação continuada. Peter Drucker acreditava que o homem não seria limitado pela informação que possui, mas, sim, pela habilidade de processá-la e utilizá-la para gerar novos conhecimentos ou informações. Mas como recuperar a informação relevante e gerar conhecimento no meio de tantos dados incompreensíveis, informações inúteis e irrelevantes, sistemas incompatíveis e tecnologias inadequadas?

O autor Thomas Davenport argumenta que é o uso da informação, não sua simples existência, que permite aos gestores tomar decisões melhores, aprender com clientes e concorrentes e monitorar os resultados. Para ele, nosso fascínio pela tecnologia nos faz esquecer o objetivo principal da informação: informar para transformar; para inovar, para recriar um novo mundo. Todos os computadores existentes de nada servirão se seus usuários não estiverem interessados na informação que eles possam gerar. Na prática, talvez precisemos menos de hardware e de software e mais de *peopleware*.

Esse fenômeno informacional retrata a dificuldade de recuperar a informação certa, no momento apropriado, com a tecnologia adequada e em meio ao "caos documentário", provocado pelo próprio homem pela dificuldade de classificar, organizar os registros, indexar as informações, atualizar os "estoques informacionais" existentes e disseminá-los de forma efetiva, e gerar conhecimento com base nessas informações. Essa overdose informacional é potencializada por meio de um "tsunami tecnológico", as ondas de gigabytes, terabytes ou hexabytes de informação que são gerados e disponibilizados de forma ininterrupta pelas TICs todos os dias. Philip Kotler, em seu livro *Vencer no caos* (Campus/Elsevier, 2009), alerta que os avanços tecnológicos e a revolução da informação, como as tecnologias e a hipercompetição, como fatores críticos, é que estão aumentando os riscos para os negócios.

A Era da Informação trouxe uma nova perspectiva para a humanidade; no lugar da falta, o excesso. Por mais contraditória que possa parecer essa afirmativa, ela reflete um dos maiores desafios que a sociedade moderna terá de enfrentar. Carl Shapiro levanta a questão de que a riqueza da informação gera a pobreza da atenção. Ele se refere à dificuldade de conseguir recuperar a informação relevante, tamanhas a quantidade e a diversidade das opções existentes; acredito que *a riqueza da informação gera a pobreza da informação*; tantos dados, mas muito pouca informação realmente relevante e prioritária que possa ser usada para melhorar o processo de tomada de decisão.

Essa avalanche informacional provoca uma série de efeitos colaterais, como a sensação de incapacidade de lidar com o volume de dados disponíveis, a tempo e em tempo de transformá-los em informação útil. A impressão é que estamos afogados em um mar de informações, mas, simultaneamente, sentimo-nos totalmente incapazes de processar toda a informação disponível. Essa nossa incapacidade para lidar com volumes cada vez maiores de dados causa uma ansiedade tamanha que se tornou uma doença, chamada de "ansiedade informacional".

O especialista em marketing e autor de vários livros na área, Al Ries,[6] fez um levantamento interessante sobre esse caos informacional. Segundo ele, uma edição dominical do *The New York Times* contém cerca de 500 mil palavras. Para se ler toda essa informação a uma velocidade média de 300 palavras por minuto, seriam necessárias 28 horas, quer dizer, todo o domingo e parte da madrugada de segunda-feira, sem parar. Mas será que precisamos de toda essa informação?

A estimativa é que, todos os anos, sejam lançados mais de 700 mil novos livros, isso sem mencionar a existência de 100 mil a 300 mil revistas científicas, dos 10 milhões de novos artigos publicados por ano, dos 2 bilhões de páginas existentes na internet e dos 8 mil bancos de dados disponíveis on-line.[7]

Na sociedade da informação, do conhecimento e do aprendizado, usa-se o termo hexabyte para se tentar estimar a quantidade de informação produzida pela humanidade. Um hexabyte seria o equivalente a todo o conteúdo da Biblioteca do Congresso Americano, que detém mais de 20 milhões de títulos. Em um recente artigo publicado na *Revista Science*, pesquisadores da Universidade da Califórnia revelaram que a quantidade de informação existente é gigantesca. Se pudesse ser armazenada de forma otimizada, o volume de informação em todo o mundo seria o equivalente a 295 exabytes. Caso fosse gravada em CD-ROM, essa quantidade extraordinária de dados e informações formaria uma pilha que iria da Terra à Lua.

O mundo está buscando cada vez mais informação, sem que isso represente, na prática, mais conhecimento, e tornando-se muito mais complexo. Com toda essa sobrecarga de informações, é natural que a sociedade se questione acerca da necessidade de uma atualização constante.

O "tsunami tecnológico e informacional" não é caracterizado apenas pela centralidade de conhecimentos e informações, mas pela aplicação desses conhecimentos e dessas informações na geração de novos conhecimentos e dispositivos de processamento/comunicação da informação, em um ciclo de realimentação cumulativo entre a inovação e o uso. Esse processo é definido pelo sociólogo Manuel Castells como desconexão: "... um mundo em que há pouco espaço para os não iniciados em computadores, para os grupos que consomem menos e para os territórios não atualizados com a comunicação..."

Acredita Castells que a exclusão informacional, nos próximos anos, poderá dividir o mundo entre países informados e sem informação. Em outras palavras, a exclusão se dará não só pelo capital, mas, principalmente, pelo acesso à informação e pela qualidade do que há disponível. Esse quadro traz um enorme desafio também para as organizações, principalmente para as maiores e mais tradicionais, pois a maioria de seus executivos e gerentes nasceu durante a Revolução Industrial, mas eles precisam levar suas organizações pelos caminhos dinâmicos da revolução digital. Philip Kotler alerta para uma turbulência organizacional provocada pelo conflito de gerações entre os profissionais com mais de 30 anos, que classifica como imigrantes digitais, e os da casa dos 20 anos ou menos, que são os nativos digitais.

A tendência é que, nos próximos anos, a revolução digital nos leve em direção à *cloud computing*, ou "computação em nuvem", uma estrutura complexa baseada na internet, na qual os usuários acessam, contratam, compartilham, constroem e disseminam serviços de computação da internet, sem exercer qualquer controle sobre ela.

É possível comprovar a obsolescência do conhecimento pela análise da evolução das novas tecnologias de comunicação e de informação. Basta considerar como a humanidade estava há 25 anos, quando a internet ainda era privilégio de poucos. Hoje, um em cada quatro habitantes do planeta já acessa a rede, segundo a UIT (União Internacional de Telecomunicações). No Brasil, já são mais de 70 milhões de internautas, de acordo com uma pesquisa do eTForecasts.[8]

Um artigo da revista *Exame* relevou que, a cada dia, circulam pela internet mais de 100 bilhões de e-mails. Pelo menos metade disso é mensagem comercial indesejada, os *spams*. Sobram 50 bilhões de correspondências eletrônicas. Cerca de 80% desse total têm como origem ou destino alguma empresa – ou seja, pelas caixas postais corporativas passam, a cada dia, mais de 40 bilhões de e-mails. De acordo com a empresa de pesquisas Radicati, esse número vem crescendo mais de 30% ao ano. Resta averiguar qual é o percentual de dados que se transformam, de fato, em informação e, em última análise, em conhecimento. Será que somos capazes de assimilar todo esse conhecimento? Será mesmo necessário assimilar todo esse conhecimento?

Na sociedade da informação, do conhecimento e do aprendizado, em plena Era da Informação, com foco no aprendizado corporativo, temos muito mais perguntas do que respostas. Mas essas questões devem ser encaradas como a busca do Santo Graal,[9] ou seja, como um dos maiores desafios da gestão de educação corporativa no século XXI: encontrar um meio, uma fórmula, uma metodologia ou, quem sabe, até mesmo uma ferramenta que ajude a elucidar essas questões. Sem isso, ainda se estará muito distante da tão almejada revolução do conhecimento.

Este capítulo levanta uma série de questões: É possível medir o intangível? E, se for, como fazê-lo? De que modo se vai mensurar o que não se pode "tangibilizar"? Qual é o retorno sobre o investimento em educação corporativa? O que caracteriza a chamada sociedade da informação, do conhecimento e do aprendizado?

1.3 // "SÓ SEI QUE NADA SEI": O APRENDIZADO NA SOCIEDADE DA INFORMAÇÃO, DO CONHECIMENTO E DO APRENDIZADO

A frase de Sócrates bem que poderia sintetizar a fonte básica de toda vantagem competitiva sustentável que reside na capacidade de aprender com mais rapidez que os concorrentes, explica o holandês Arie de Geus. A prática corporativa alerta para o fato de que não basta desenvolver vantagem competitiva, por mais inovadora que seja, se não for posta em prática antes que os concorrentes o façam.

No cenário competitivo atual, as empresas não rivalizam mais com produtos ou serviços; cada vez mais a competição se dará com informação ou com base nas possibilidades de aplicação do conhecimento, em razão da melhoria de produtos ou processos, o que se pode classificar de inovação.

As organizações perceberam a importância da gestão para a aprendizagem, com foco na criação de conhecimento e na inteligência aplicada nos negócios, isto é, não basta apenas ter informação. Na realidade, o acesso à ela já não é o grande desafio da sociedade da informação, do conhecimento e do aprendizado, mas a sua aplicabilidade na geração de novos conhecimentos, os quais, por sua vez, podem produzir melhoria nos produtos ou serviços, ajudar a monitorar as tendências de mercado, identificar novas oportunidades de negócio e até mesmo evitar ameaças competitivas.

A ideia da "organização que aprende", segundo o autor Peter Senge, já não deve ser encarada apenas como uma visão. É importante ressaltar que não existem "organizações que aprendem" sem pessoas que aprendam. Na prática, as organizações, apesar do universo de informações disponíveis, são tomadas por uma inércia que se origina, muitas vezes, no fato de se saber muito e se fazer muito pouco com aquilo que se tem conhecimento. Essa lacuna entre o saber e o fazer, segundo os professores e autores Jeffrey Pfeffer e Robert Sutton, reflete o comportamento humano de permitir que as palavras ou o discurso substituam a ação.

Pfeffer e Sutton apresentam casos de grandes empresas que se viram "amarradas" e não conseguiram mudar as atitudes e os comportamentos de seus colaboradores. Foi o que aconteceu, na década de 1980, com a Xerox, cujos executivos decidiram que era necessário melhorar a qualidade para reduzir os custos e aumentar a satisfação dos clientes. Durante 4 anos, mais de 70 mil empregados participaram de reuniões e conferências para discutir a iniciativa. Um estudo de caso da Harvard Business School[10] sobre esse projeto revelou que ocorreram pouquíssimas mudanças de atitude, tampouco foram tomadas decisões significativas em relação à qualidade, e as crenças e os comportamentos não se alteraram.

O processo de aprendizagem nas organizações, que têm dificuldade de aprender ou de pôr em prática esses aprendizados, está fortemente enraizado na própria cultura corporativa e respaldado pela forma como as pessoas pensam e interagem. Só mudando a maneira de pensar e agir, ou seja, o "modelo mental" dos tomadores de decisão, é que se pode começar a modificar políticas e práticas existentes. Na verdade, esse é um caminho de mão dupla; sem o comprometimento da alta direção ou alta gerência, não existe mudança; do mesmo modo que, sem a adesão de toda a organização, também não.

Se, por um lado, o conhecimento é elevado à nova riqueza das organizações, conforme apresenta o autor Karl Sveiby, as pessoas são os maiores agentes e fontes de informação. Todos os ativos tangíveis ou intangíveis resultam das ações humanas. Na prática, a competência do funcionário envolve a capacidade de agir em diversas situações. O saber fazer pode, com certeza, fazer muita diferença – e faz. É verdade que a competência de um colaborador não pode ser considerada uma propriedade, a não ser dele próprio. É o mesmo princípio do conhecimento que pertence a quem o detém e é de difícil transferência, argumenta o professor Aldo Barreto.

A sociedade da informação, do conhecimento e do aprendizado é caracterizada por mudanças cada vez mais radicais e decisivas na forma de execução do trabalho, o que faz surgirem definições de novos ofícios com novas necessidades, exigências de habilidades e também de competências, que, por sua vez, demandam novas pessoas. Para isso, faz-se necessário desenvolver novos "modelos mentais", tanto organizacionais quanto pessoais. "O problema é que não se têm modelos mentais; 'somos' nossos próprios modelos mentais", declara Peter Senge.

O processo de aprendizagem, que se propõe a modificar os modelos mentais existentes, é altamente desafiador, e até mesmo pode ser considerado por vezes desorientador. Incentivar e sensibilizar a criação de uma comunidade de aprendizes, de profissionais dispostos a aprender a aprender e, mais que isso, a aprender a desaprender, é um dos maiores desafios das organizações na sociedade da informação, do conhecimento, do aprendizado e da inovação. Como capacitar o novo profissional do século XXI? Quanto tempo se leva para formar esse profissional? Quanto tempo se faz necessário para atualizá-lo, para que ele se transforme em um agente da inovação?

A economia global mudou e, para sobreviver nesse ambiente de alta competitividade, de tantas perguntas ainda sem respostas consistentes, as organizações perceberam que precisam de pessoas mais qualificadas e preparadas, capazes de criar soluções e de aumentar a produtividade. A Petrobras, que atua hoje em uma das áreas mais afetadas pela escassez de profissionais preparados e necessita de gente extremamente qualificada, a de petróleo e gás, vislumbrou, há 50 anos, que a saída para ter pessoal habilitado seria investir na formação de seus quadros. A Petrobras é uma das empresas que mais investem em educação corporativa.

Para driblar a escassez de colaboradores preparados, muitas organizações estão apostando na formação da próxima geração. Empresas como o Banco Itaú recrutam novos profissionais diretamente entre os formandos nas universidades. Esse, que é o segundo maior banco privado do Brasil, conta hoje com mais de 500 programas de capacitação, incluindo MBAs para o desenvolvimento de lideranças, cursos técnicos e funcionais. Desde 2008, o Banco Itaú tem investido mais de R$ 120 milhões em treinamento.

A educação corporativa passou a ser pauta prioritária nas organizações brasileiras. Algumas ainda não têm uma universidade corporativa, mas investem alto nos cursos de formação técnica ou profissional. Outro exemplo é o grupo Pão de Açúcar. A Companhia Brasileira de Distribuição (*holding* controladora do grupo Pão de Açúcar) investe cerca de R$ 20 milhões, por ano, para preparar técnicos como padeiros, açougueiros e peixeiros.

A universidade corporativa se apresenta como uma possível solução, um sistema de desenvolvimento de pessoas, pautado na gestão por competências, o qual tem por objetivo promover a cultura, os valores da empresa e capacitar os funcionários de acordo com as necessidades específicas de cada setor. Essa modalidade de ensino é muito recente no Brasil, tendo surgido na década de 1990. O motivo é que os modelos de transferência de informação e capacitação adotados pela maioria das instituições acadêmicas não atende às exigências atuais do mercado de trabalho.

O Grupo Gerdau também decidiu investir na realização de cursos de capacitação. A empresa atua em várias frentes. Realiza programas de estágio em parceria com universidades públicas, além de subsidiar cursos de graduação e pós-graduação para os funcionários. Tais iniciativas demandaram, em 2007, recursos de R$ 46 milhões, 20% a mais em relação ao ano anterior.

Já a multinacional Nestlé investe, por ano, no Brasil, aproximadamente R$ 20 milhões no incremento da formação de seus 16 mil profissionais, o que inclui desde subsídios a cursos de idiomas até programa de pós-graduação.

Parte dos recursos também é aplicada em qualificação técnica para a ocupação de cargos nas fábricas. Para as posições executivas, são patrocinados MBAs e treinamentos em centros de excelência acadêmica como o IMD, uma renomada escola de negócios da Suíça. Por ano, entre 70 e 90 funcionários brasileiros são levados para trabalhar em outras unidades da empresa no exterior.

Em meio a uma disputa acirrada no mercado, as operadoras de telefonia celular sentem de perto os problemas da escassez de talentos, principalmente na área de Atendimento. Para contorná-los, investem também na capacitação de jovens.

Principal canal de comunicação com os clientes, o *call center* é o foco de atenção da operadora de telefonia Tim, por exemplo. Prova disso é que a operadora optou por manter sua equipe de 3.500 funcionários dentro de casa. No entanto, o setor de Recursos Humanos sofre para achar gente capacitada, já que, para a maioria desses profissionais, esse é o primeiro emprego. A solução encontrada pela empresa foi formar os próprios funcionários.

O crescimento do mercado de aviação fez com que a Embraer ampliasse seu quadro funcional: em 2004, eram 14 mil pessoas trabalhando em suas linhas de produção; hoje são quase 20 mil. O desafio de formar novos engenheiros tão especializados fez com que a Embraer decolasse rumo às universidades; mas será que todo esse investimento resulta em felicidade organizacional, ou seja, gera motivação para o trabalho na busca de mais e melhores resultados, em um alinhamento entre os interesses pessoais e as metas organizacionais?

1.4 // O ADVENTO DA NOVA ORGANIZAÇÃO – FELICIDADE *VERSUS* TECNOLOGIA *VERSUS* TEMPO: A BUSCA DO IDEAL ILUMINISTA NA SOCIEDADE DO CONHECIMENTO

É possível afirmar que o maior de todos os desejos e de todas as vontades do ser humano é a busca da felicidade; poucos foram os marcos da humanidade que evoluíram tanto e tão pouco quanto essa desenfreada necessidade de ser o que não se é, de ter o que não se possui e de se conquistar tudo aquilo que não se tem. Foi a busca de um ideal que floresceu no Século das Luzes e que ainda não foi completamente saciada, se é que isso será possível algum dia. O homem chegou a uma encruzilhada: graças às novas tecnologias, vasculhou o planeta em busca de novas oportunidades, rompeu as barreiras do tempo e do espaço à procura de respostas que nunca parece encontrar. O viajante, aventureiro, agora solitário, pergunta-se o que é preciso para ser feliz.

Na sociedade atual, os benefícios são tangíveis e passíveis de mensuração; em contrapartida, a felicidade não. É possível, e até relativamente fácil, encontrar uma série de indicadores sociais e econômicos que podem atestar os ganhos efetivos quanto à qualidade de vida, como longevidade, escolaridade, acesso a bens de consumo, poder aquisitivo e tantas outras realizações promovidas pelo progresso científico e tecnológico. Por outro lado, quando o tema é felicidade, a busca por esses indicadores se torna muito mais complexa e o cenário não se mostra tão claro assim.

O que está por trás dessa questão é saber se as conquistas científicas e tecnológicas também chegaram a nossas organizações, gerando aumento na produtividade, isto é, avaliar o impacto de todos esses feitos no que tange à felicidade, à motivação de nossos colaboradores.[11] Na prática, é preciso discutir o bem-estar nas empresas ou como nossa civilização promove ou dificulta a busca dessa felicidade. Significa saber o que torna as pessoas felizes ou infelizes e motivadas em seu ambiente de trabalho. A tecnologia, que surgiu para facilitar nossa vida, nos aproxima ou nos afasta desse antigo ideal?

Para tentar responder a essa pergunta, é necessário aprofundar a seguinte questão: Até que ponto os ideais iluministas se mantêm acesos nas organizações do século XXI? Será que existem custos ocultos embutidos nesse processo empresarial? Até que ponto o homem é um produto do ambiente de negócios em que ele se forma? O ambiente de negócios tende a se tornar cumulativamente melhor pela ação do próprio homem? Quais são as relações entre os indicadores objetivos e subjetivos de bem-estar em nossas organizações?

Estudar o passado é, para o filósofo Eduardo Giannetti uma condição necessária para quem almeja, se for esse o caso, entender o presente e tentar prever o futuro. É claro que nenhuma época é homogênea, e toda a comparação entre épocas distintas é um risco; no entanto, não o fazer equivaleria, na visão de Giannetti, a desperdiçar a possibilidade de se construir uma perspectiva histórica.

O grande momento da noção de civilização e progresso científico, e de seu impacto sobre o homem, foi o Iluminismo europeu do século XVIII. A Era da Razão é um marco na história do conhecimento, em parte porque o conceito iluminista de progresso assinalava uma clara ruptura em relação às ideias dominantes no mundo antigo, renascentista e medieval. A equação fundamental do Iluminismo europeu era, de fato, a crença na existência de uma relação entre progresso da civilização e aumento da felicidade.

Entre os alicerces desse "admirável velho novo mundo", podem ser destacados:

- avanço do conhecimento científico;
- crescente domínio do poder da natureza pela tecnologia humana;
- aumento da produtividade e das riquezas materiais;
- emancipação das mentes após séculos de opressão religiosa; e
- aprimoramento intelectual e moral do homem por meio da ação conjunta da educação e das leis.

Ao mesmo tempo em que o Iluminismo moldava um novo homem, mais cético, mais informado, mais questionador e muito mais complexo, os princípios da razão revelaram novas oportunidades para que o homem ampliasse suas competências como produtor de bens materiais e sua capacidade de moldar a própria conduta e parte de seu meio ambiente com esse fim. Para nivelar o entendimento, definimos competência como a capacidade específica do homem de realizar uma tarefa ou ação em um nível de habilidade de execução tal que seja suficiente para alcançar o resultado esperado.

Contudo, se as conquistas eram claramente tangíveis, objetivas, a possibilidade de desvendar o segredo do que faz o homem realmente feliz se tornava cada vez mais subjetiva. O saber mostrou ao homem que era também uma excelente forma de poder e um inabalável elo entre o progresso científico e a felicidade. Durante séculos, o homem entendeu o saber como uma das mais decisivas formas de poder.

A máxima marxista, possivelmente influenciada pelo pensamento kantiano, de que o homem deveria estar disposto a sacrificar seu bem-estar presente tendo em vista a felicidade de uma comunidade ideal futura se relevou apenas mais uma crença que o homem jamais chegou a presenciar ou vivenciar, afirma Eduardo Giannetti. A expectativa de que haja convergência entre a vida ativa e o bem-estar mostrou o elo mais frágil desta equação de progresso:

Razão = Virtude = Felicidade

Não há dúvida de que os avanços nos campos da ciência, da tecnologia e da produtividade proporcionaram enormes benefícios à práxis, no que diz respeito a conforto, saúde, renda, acesso à informação, condições de trabalho, mas, ao mesmo tempo, revelou uma conta bastante alta quanto às diferenças sociais, culturais e informacionais. A noção de felicidade tornou-se muito mais complexa, deixando em dúvida se ser feliz é sinônimo de estar feliz e projetando interrogações acerca da relação entre felicidade e bem-estar.

O sentido de felicidade que interessa à nossa discussão é o grau de satisfação global com a vida que se tem, e, de forma específica, é a motivação com o trabalho. Eduardo Giannetti argumenta que o ser feliz é mais que o estar feliz. A promessa da felicidade do projeto iluminista estaria ligada às possibilidades que se apresentavam à época e à capacidade de as pessoas escolherem seu destino e de encontrarem a satisfação e um sentido de realização em sua existência temporal.

Sem a pretensão de apresentar respostas rápidas, infundadas ou inconsistentes, é possível argumentar que o Iluminismo "prometeu e não entregou", ou melhor, entregou menos do que prometeu. O querer ser feliz já não basta. O processo traz benefícios, mas é preciso entender que essas "vantagens tecnológicas" implicam custos cada vez maiores, em uma disputa que coloca em dois extremos os cínicos, que, segundo o escritor Oscar Wilde, "conheciam o preço de tudo, mas não sabiam o valor de nada"; e os sentimentais, que "vislumbravam um valor incomensurável em tudo, mas não sabiam o preço de nada". Seriam, de acordo com Gianetti, herdeiros legítimos dos ideais iluministas que nunca abdicaram da crença utópica de que o rio do progresso fluía em direção ao oceano da felicidade. O que eles não perceberam é que nesse rio, como dizia o filósofo grego Heráclito de Éfeso, o homem nunca passa duas vezes, pois, na segunda vez, nem o rio nem o homem são os mesmos.

A busca pela felicidade fica ainda mais complicada quando se trata de qualidade de vida no trabalho. Desde a Grécia Antiga, a dialética *labor versus happiness* é ponto focal das sociedades modernas, mas, de acordo com o autor e palestrante William Bridges, em um mundo sem empregos, o sucesso se apresenta como as duas faces da mesma moeda, que se complementam e se anulam: o da felicidade e o da infelicidade. O homem abriu mão de seu conforto para conquistar cada vez mais riquezas e, agora, vê-se obrigado a abrir mão de grande parte das riquezas que acumulou para recuperar seu bem-estar.

Essa busca, nas organizações modernas, é uma questão relevante, mas ainda não é tratada com a dimensão que merece. O que se discute é se os colaboradores estão motivados em seu trabalho, alinhados e comprometidos com os objetivos organizacionais. O que se constata, na prática corporativa, é que, cada vez mais, o empregado busca um novo ideal, muito próximo das promessas iluministas. O ser feliz no trabalho passou a ser sinônimo de realização profissional. O que se discute hoje é se o funcionário é realmente capaz de vestir a camisa da empresa, pois há quem assegure que ele, o colaborador, só é capaz de vestir a própria camisa.

A crença de que trabalho é igual à renda, que, por sua vez, é sinônimo de felicidade, também está sendo questionada pelo próprio trabalhador, pois, para que essa fórmula não fique apenas na teoria ou como um belo discurso, é necessário ir além das palavras. As organizações e seus executivos precisam entender que produtividade e bem-estar têm vários pontos convergentes, o que quer dizer que o clima organizacional, o reconhecimento e a possibilidade de crescimento, as chances de aprendizado, a qualidade de vida, tudo isso, amparado por uma boa gestão da comunicação da informação, pode trazer, sim, mais e melhores resultados. A prática corporativa deveria incorporar a máxima aristotélica de que "o prazer aperfeiçoa a atividade".

Há muito se pesquisa o que torna as pessoas felizes. O que se acredita hoje é que existe clara relação entre os indicadores objetivos e subjetivos de bem--estar, que a felicidade está longe de obedecer a um padrão único, imutável. Os fatores determinantes dessa felicidade estão diretamente ligados ao comportamento das pessoas nas organizações, que está longe de apresentar uma lógica cartesiana; podemos afirmar que, na realidade, isso é bastante complexo em razão da própria natureza humana. As pessoas também são diferentes, no que tange à motivação. São várias as razões:

- as necessidades mudam de pessoa para pessoa;
- os valores culturais, sociais e éticos são diferentes;
- as capacidades para atingir objetivos também diferem;
- os objetivos de cada indivíduo são distintos; e
- as necessidades, os valores e as capacidades variam no mesmo indivíduo, conforme o tempo.

Além disso, o comportamento dos indivíduos em uma organização depende de fatores internos e externos: os primeiros são características de personalidade, como capacidade de aprendizagem, motivação, percepção dos ambientes interno e externo, atitudes, postura, emoções e valores. Já os fatores externos dependem das características organizacionais, como sistemas de recompensas e punições, pressões e influências dos atores sociais, de políticas, mudanças, condições ambientais e tecnologias utilizadas.

As teorias cognitivas enfatizam que o ciclo motivacional é composto pela seguinte tríade: necessidades, estado de tensão e busca de equilíbrio. A necessidade é uma força dinâmica e persistente que provoca o comportamento. É justamente a necessidade que rompe com o estado de equilíbrio do organismo, causando estado de tensão, insatisfação, desconforto e desequilíbrio. Essa condição leva a pessoa a um comportamento, ou ação, capaz de descarregar a tensão ou de livrá-lo do desconforto e do desequilíbrio. Quando o corpo humano volta ao estado de equilíbrio, dá-se o nome de bem-estar ou felicidade. Se o comportamento for efetivo, o indivíduo encontrará a satisfação de sua necessidade e se sentirá feliz, realizado.

No mundo do trabalho, a motivação seria um conjunto de forças internas e externas que fazem com que os trabalhadores escolham determinado caminho e adotem certos comportamentos, argumenta o autor John Newstrom. Esses comportamentos seriam orientados, ou pelo menos deveriam ser, para o atingimento de uma meta organizacional. A motivação para o trabalho seria uma combinação complexa de forças psicológicas no interior de cada indivíduo, direcionadas para a realização efetiva e ótima de suas tarefas e ações. Para aprofundar esse entendimento, precisamos navegar pelas principais teorias comportamentais.

A mais conhecida está centrada nos estudos do psicólogo Abraham Maslow, que se baseia na hierarquia das necessidades. Segundo ele, as necessidades humanas estão arrumadas em uma pirâmide de importância e de influência do comportamento humano. Na base da pirâmide, estão as necessidades físicas mais básicas, as chamadas primárias, enquanto no topo se encontram as mais sofisticadas, psicológicas e sociais: as secundárias. As necessidades seriam condicionadas pela prática social e organizadas de forma hierárquica; satisfazê-las seria nosso propulsor, o que nos levaria a seguir um caminho estabelecido, fazer escolhas ou tomar determinadas decisões.

1. **Necessidades fisiológicas:** constituem o nível mais básico de todas as necessidades humanas. São as necessidades inatas, como necessidade de alimentação, de sono e repouso, de abrigo etc. São aquelas relacionadas à própria subsistência e à existência do homem.
2. **Necessidades de segurança:** surgem no comportamento humano quando as necessidades fisiológicas estão relativamente satisfeitas.
3. **Necessidades sociais:** são as necessidades de associação de participação, de aceitação por parte dos colegas, de troca de amizade, de afeto e de amor. Surgem no comportamento humano quando as necessidades fisiológicas e de segurança estão satisfeitas.
4. **Necessidades de estima:** envolvem a autoapreciação, a autoconfiança, a necessidade de aprovação social, de reconhecimento social etc. Sua frustração pode gerar sentimentos de inferioridade, fraqueza, dependência, os quais, por sua vez, podem levar ao desânimo e a atividades compensatórias.

5. Necessidades de autorrealização: são as necessidades humanas mais elevadas e que se encontram no topo da hierarquia. São as que fazem cada pessoa a tentar ser mais do que é. Elas estão relacionadas a autocontrole, autonomia, independência, competência e à utilização plena dos talentos individuais.

O modelo da hierarquia de necessidades de Maslow, aplicado ao mundo do trabalho, revela que, para a pessoa alcançar o grau de comprometimento, é necessário superar as necessidades primárias, bem como atender às necessidades secundárias, conforme a figura a seguir.

FIGURA 1.1 – PIRÂMIDE DE MASLOW

AUTORREA-LIZAÇÃO	AUTORREALIZAÇÃO / AUTOSSATISFAÇÃO
ESTIMA	AUTONOMIA COM RESPONSABILIDADE / PARTICIPAÇÃO / ORGULHO E RECONHECIMENTO (*STATUS*)
SOCIAL	RELAÇÃO COM SUPERIORES / INTERAÇÃO COM OS CLIENTES E FORNECEDORES
SEGURANÇA	CONDIÇÕES DE SEGURANÇA NO TRABALHO / REMUNERAÇÃO E BENEFÍCIOS
FISIOLÓGICAS (SOBREVIVÊNCIA)	INFRAESTRUTURA DO LOCAL DE TRABALHO / HORÁRIOS DE TRABALHO E DE DESCANSO

Fonte: Starec, 2009. Adaptado de Chiavenato, 1993, p. 170.

Boa parte dessas necessidades se desenvolve à medida que vamos amadurecendo, como autoestima, sentimento de pertencimento, noção de dever, competitividade, autoafirmação, reconhecimento. No dia a dia corporativo, as ações dos gerentes e da liderança das organizações afetam as necessidades secundárias, por isso, alguns autores defendem a tese de que o planejamento gerencial deve levar em conta as necessidades secundárias dos empregados.

Maslow foi muito criticado por acreditar que as necessidades humanas surgem em uma sequência definida e por não considerar que as necessidades podem variar de cultura para cultura, e, também, de pessoa para pessoa. Já o psicólogo David McClelland agrupou as necessidades em três categorias:

1. Associação – Refere-se a afeto, relacionamento, sentimento de pertencimento.
2. Poder – Diz respeito à relação com pessoas, organizações, países, *status*, prestígio ou posições de influência.
3. Realização – Estaria ligada à autoestima e à autorrealização.

A diferença para Maslow é que McClelland defende a tese de que as necessidades podem ser aprendidas e não precisam ser organizadas de forma hierárquica.

Dos modelos de necessidades mais antigos, o psicólogo Clayton Alderfer propôs um com base em três níveis: E-R-G. Ele sugeriu que, de maneira geral, os funcionários estão interessados na satisfação de suas **necessidades existenciais** (remuneração, condição física, benefícios, instalações, acessibilidade, localização, segurança no trabalho). As **necessidades de relacionamento** compõem o próximo nível, envolvendo o desejo de ser aceito, compreendido por seus colegas e superiores. Já as **necessidades de crescimento** abrangem o último nível: desejos de autoestima e autorrealização.

Como McClelland, o modelo ERG de Alderfer também não assume como algo rígido a passagem de um nível para outro. Na prática, ele aceita a possibilidade de que todos os níveis estejam em atividade em determinado momento ou até mesmo que apenas o nível mais elevado possa estar ativo. Alderfer também sugere que um profissional frustrado com um ou dois níveis superiores possa concentrar-se no mais baixo, para, depois, tentar a progressão mais uma vez.

Enquanto Maslow, MaClelland e Alderfer fundamentavam suas teorias nas necessidades humanas, o psicólogo Frederick Herzberg criou a sua com base no ambiente externo e no trabalho do indivíduo. Para ele, a motivação das pessoas dependia de dois fatores: higiênicos e motivacionais.

Herzberg classificou dois grandes grupos de fatores que afetam o ser humano no trabalho: fatores higiênicos (ambientais) ou fatores extrínsecos ao indivíduo, pois se situam no ambiente que rodeia as pessoas e abrangem as condições dentro das quais elas desempenham seu trabalho; e fatores motivacionais ou intrínsecos ao homem.

A Teoria dos Dois Fatores foi formulada e desenvolvida com base em entrevistas feitas com um grupo de duzentos engenheiros e contadores da indústria de Pittsburgh. Herzberg procurava identificar as consequências de determinados tipos de eventos na vida profissional dos entrevistados, visando determinar os fatores que os levavam a se sentir excepcionalmente felizes e os que os faziam sentir-se infelizes na situação de trabalho.

Os fatores higiênicos estão associados às condições administradas da empresa: remuneração, pacote de benefícios, modelo de liderança, condições físicas e ambientais de trabalho, políticas e diretrizes da empresa, clima de relações entre a empresa e as pessoas que nela trabalham e regulamentos internos. De acordo com as pesquisas de Herzberg, quando os fatores higiênicos são ótimos, apenas evitam a insatisfação; quando a elevam, não conseguem sustentá-la por muito tempo. Porém, quando os fatores higiênicos são péssimos ou precários, provocam a insatisfação dos empregados.

Já os fatores motivacionais, ou intrínsecos, estão relacionados ao conteúdo do cargo e à natureza das tarefas que a pessoa executa. Assim, eles estão sob seu controle, pois estão relacionados ao que ele faz. Os fatores motivacionais envolvem os sentimentos de crescimento individual, de reconhecimento profissional e as necessidades de autorreavaliação, e dependem das tarefas que o indivíduo realiza profissionalmente.

Os estudos de Herzberg concluíram que os fatores que influenciavam na produção de satisfação profissional não estão relacionados e são distintos dos que levaram à insatisfação profissional. Assim, os fatores que causavam satisfação estão relacionados à própria tarefa, ao que ele faz, bem como ao reconhecimento por sua execução, natureza da tarefa, responsabilidade, promoção profissional, oportunidades e capacidade de melhor executá-la, delegação de responsabilidade. Por outro lado, constatou-se que os fatores causadores de insatisfação são fatores ambientais, isto é, externos à atividade, tais como: tipo de supervisão recebida no serviço, natureza das relações interpessoais, condição do ambiente em que o trabalho é executado e, por fim, o próprio salário. São os fatores motivacionais que produzem efeito duradouro à satisfação e de aumento de produtividade em níveis de excelência. Para Herzberg, o termo motivação envolve sentimento de realização, de crescimento e de reconhecimento profissional manifestado por meio do exercício das tarefas e atividades que oferecem desafio suficiente e significado ao trabalhador.

A pesquisa de Herzberg constatou que as pessoas, à medida que se vão desenvolvendo profissionalmente e adquirindo experiência, tornam-se maduras e passam a dar mais importância a fatores como estima e autorrealização, o que aproxima Herzberg de Maslow. É interessante ressaltar que a principal implicação dessa teoria é que uma concentração nos fatores higiênicos ou ambientais apenas pode impedir a insatisfação no trabalho.

Em essência, a teoria dos dois fatores sobre a satisfação no cargo afirma que:

◆ a satisfação é característica do conteúdo ou das atividades desafiadoras e estimulantes inerentes ao cargo: são os chamados fatores "motivadores"; e

- a insatisfação é característica do ambiente, da supervisão, dos colegas e do contexto geral do cargo; são os chamados fatores higiênicos.

O modelo de Herzberg, assim como o de Maslow, também tem sido muito criticado por não ser universalmente aplicável, isto é, aplicar-se de forma mais adequada a gerentes, profissionais liberais e funcionários de níveis executivos superiores.

Já a teoria da expectativa de Victor Vroom relaciona desempenho com expectativa, que significa dizer que agimos no trabalho de acordo com nossas expectativas profissionais. Entretanto, como somos espelhos de nossas lideranças, isso pode fazer com que nosso desempenho caia, na medida em que nossas esperanças não sejam atendidas.

Por sua vez, o psicólogo Stacy Adams defende a Teoria da Equidade. Ele argumenta que existe relação direta entre a motivação dos funcionários com a percepção ou o sentimento de justiça e de igualdade nas relações do trabalho. Nesse caso, se o colaborador se sentir injustiçado ou preterido por determinada situação, naturalmente sua motivação diminuirá bastante.

As teorias e os modelos de Maslow, McClelland, Alderfer, Herzberg, Victor Vroom e Adams trazem algumas evidências do que torna as pessoas, dentro das organizações, felizes. É interessante perceber que fatores objetivos, tangíveis, não são suficientes para garantir a satisfação plena de um funcionário. Há necessidade da busca do equilíbrio com dimensões completamente subjetivas, que estão ligadas à experiência interna das pessoas. O grande desafio para aqueles que se propõem a analisar os determinantes de felicidade na vida profissional é obter informações e dados confiáveis sobre a dimensão subjetiva do bem-estar.

O que se pode perceber na linha de comportamento organizacional é a evolução de um indivíduo e seu desempenho nas organizações. Tal postura valoriza a eficiência (fazer o que precisa ser feito) e a eficácia (fazer da melhor maneira possível – em menor tempo, com menos custo e mais qualidade, o que precisa ser feito). O desempenho de papéis diz respeito a atividades exigidas pela posição ocupada na organização. Fazer da melhor maneira possível envolve desde a comunicação da informação (a organização comunica demais e informa de menos), o comprometimento, até a cultura organizacional, que precisa criar um ambiente propício para que os objetivos e as metas organizacionais sejam alcançados. A miopia da cultura organizacional pode engessar todo o processo, como será discutido no Capítulo 3.

A Tabela 1.1 sintetiza o comportamento organizacional do indivíduo perante as diversas teorias administrativas.

TABELA 1.1 – COMPORTAMENTO ORGANIZACIONAL DO INDIVÍDUO

NO ESQUEMA COMPARATIVO DAS TEORIAS DE ADMINISTRAÇÃO

ABORDAGENS EXPLICATIVAS E DESCRITIVAS	Teoria da burocracia	Ser isolado que valoriza a hierarquia e a posição alcançada.
	Teoria estruturalista	Ser social que vive dentro de organizações.
	Teoria comportamental	Ser racional e "emotivo", tomador de decisões, quanto à sua participação nas organizações.
	Teoria dos sistemas	Ser informacional que trabalha de forma autônoma para uma rede.
	Teoria da contigência	Ser que valoriza o processo e que possui a cultura do projeto a ser executado.
ABORDAGENS PRESCRITIVAS E NORMATIVAS	Aspectos principais	Comportamento organizacional da pessoa.
	Teoria clássica	Ser isolado que reage como indivíduo (atomismo* tayloriano).
	Teoria das relações humanas	Ser social que reage como membro de um grupo social.
	Teoria neoclássica	Ser racional e social voltado para o alcance de objetivos individuais e da organização.

*Atomismo – Doutrina que sustenta ser a matéria formada de átomos que se agrupam em combinações casuais e por processos mecânicos.

Fonte: Starec, 2009. Adaptado de: Chiavenato, 1993, p. 850.

A discussão sobre motivação está intimamente ligada ao grau de motivação, satisfação, insatisfação ou frustração da pessoa com seu trabalho, e é o que gera aumento ou diminuição no desempenho, quer dizer, em sua produtividade. Ficam as seguintes questões: Como manter um colaborador sempre motivado? E será que isso é possível?

capítulo 2

Ethos

Insanidade é fazer sempre a mesma coisa, várias e várias vezes,
esperando obter um resultado diferente.

– ALBERT EINSTEIN

Educar é muito mais do que encher uma vasilha vazia.
É acender uma luz na mente das pessoas. Educar é ensinar a pensar.

– LEONARDO BOFF
EDUCAÇÃO CORPORATIVA, 2004

2.1 // LIÇÕES DOS MESTRES NA HISTÓRIA SOCIAL DO CONHECIMENTO E DO APRENDIZADO

O ato de ensinar, de transmitir informações sob a perspectiva de se construir algum conhecimento por meio da palavra ou da demonstração, do exemplo a ser seguido ou aprimorado, é tão antigo quanto o homem. Não é possível imaginar uma sociedade ou uma cultura, por mais rudimentar ou isolada que seja, uma organização ou mesmo uma família, sem que exista alguma forma de ensino e aprendizagem.

A relação de mestre e aprendiz é tão antiga quanto a própria civilização e se caracteriza por momentos da mais pura interação, intercalados por ocasiões e eventos de profunda discórdia ou conflitos. Nessa dialética é que a sociedade ocidental foi construída. A herança de uma civilização judaico-cristã, alicerçada por princípios, doutrinas e filosofia da antiga Grécia, é o que forma o eixo do que se acredita ser a cultura ocidental.

O problema é que sabemos demais e de menos acerca dos personagens centrais nesse processo de evolução, como Heráclito, Pitágoras, Parmênides, Sócrates e, mais recentemente, Moisés, Santo Agostinho, Rabi Akiba, Tomás de Aquino, Emerson, Nadia Boulanger. Todos eles grandes pensadores, provocadores e mestres na arte de ensinar, no sentido estrito da história da Pedagogia, segundo o filósofo e educador Rudolf Steiner.

Nos primórdios da Europa moderna, ensinar oferecia um modo de ganhar a vida com o conhecimento. Os professores eram denominados humanistas (*humanistae*). Para muitos mestres, o ensino era uma sina, não uma vocação. Durante milhares de anos, a educação era restrita a poucos; na prática, era um poder que deveria ser protegido a qualquer custo.

Na Idade Média, a maioria dos professores e alunos das instituições de ensino era constituída por representantes do clero, muitas vezes membros das ordens religiosas, principalmente dominicanos, como o mais famoso dos professores medievais, Tomás de Aquino. Como Roger Bacon e Alberto Magno, a maioria dos pesquisadores acadêmicos era composta de frades. Quanto aos professores, eram filósofos e teólogos e faziam referência a si mesmos como "homens de letras" (*viri literati*), clérigos (*clerici*), mestres (*magistri*) ou filósofos (*philosophi*).

As cidades e universidades surgiram de forma simultânea na Europa, no século XII. Instituições-modelo de Bolonha e Paris foram seguidas por Oxford (1096), Salamanca (1219), Nápoles (1224), Praga (1347), Cracóvia (1364) e Louvain (1425), entre outras. Em 1451, quando Glasgow foi fundada, eram 50 universidades em operação.

Em 1600, estava claro o processo de diferenciação entre os letrados europeus. Os escritores formavam um grupo semi-independente. Surgiram os "intermediários da informação", que colocavam estudiosos de diferentes lugares em contato entre si ou como "administradores do conhecimento", pois tentavam organizar o material, além de coletá-lo.

Nessa época, admitia-se que as universidades deviam concentrar-se na transmissão do conhecimento, e não em sua descoberta. Acreditava-se que as opiniões e interpretações dos grandes pensadores e filósofos do passado não podiam ser igualadas ou contestadas. Aos professores, atribuía-se a tarefa de expor as posições das "autoridades". As disciplinas eram fixas: as sete artes liberais e os três cursos de graduação em Teologia, Direito e Medicina. Os professores eram quase todos membros do clero. A relativamente nova universidade fazia parte de uma instituição muito mais antiga, a Igreja, que durante centenas de anos exerceu o monopólio do conhecimento.

Os professores universitários só começaram a formar um grupo distinto, especialmente na Alemanha, onde havia mais de quarenta universidades, na segunda metade do século XVIII. Os mandarins alemães prefeririam o título "homens do saber" ou "polimata" [*polyhistor*]. Os letrados desse período começaram a ver seu trabalho como vocação.

Assim como os humanistas, os "novos filósofos" tentaram incorporar, em escala mais grandiosa, conhecimentos alternativos ao saber estabelecido: a química pela tradição da metalurgia, e a botânica, com base no conhecimento dos jardineiros. Nascem as grandes academias: Academia del Cimento [Experimento], em Florença (1657); a Royal Society, em Londres (1660); e a Académie Royale des Sciences, em Paris (1666).

O argumento segundo o qual a hostilidade das universidades à nova filosofia levou à criação das "sociedades científicas" como referencial alternativo foi proposto por Martha Ornstein, no livro *O papel das sociedades científicas no século XVII* (Burke, 2003), publicado originalmente em 1913. Segundo Ornstein, "à exceção das escolas médicas, as universidades pouco contribuíram para o avanço da ciência".

As universidades podem ter continuado a desempenhar sua função tradicional de ensinar efetivamente, mas não eram, em termos gerais, os lugares em que se desenvolviam as novas ideias. Sofriam do que foi chamado de "inércia institucional", mantendo suas tradições corporativas ao preço do isolamento em relação às novas tendências. O monopólio da educação superior pelas universidades foi posto à prova nos séculos XVII e XVIII. Nascem os institutos de pesquisa, os pesquisadores e a própria ideia de pesquisa. Os letrados estavam envolvidos com projetos de reforma econômica e política, ou seja, com o Iluminismo.

É interessante observar que os grupos criativos, marginais e informais de um período regularmente se tornam organizações formais, dominantes e conservadoras da próxima geração ou da seguinte. Na Europa, ciclos de inovação seguidos são visíveis desde o século XII, quando as universidades substituíram os mosteiros como centros do saber.

Burke conclui que a história social do conhecimento, como a história social da religião, é a história do deslocamento de seitas espontâneas para igrejas estabelecidas; deslocamento muitas vezes repetido. É uma longa história de interação entre *outsiders* (os questionadores e os revolucionários do saber) e *establishment* (o poder ou o saber estabelecido). Há também um jogo entre inovação e rotina, fluidez e rigidez, tendências ao degelo e ao congelamento, conhecimento oficial e não oficial...

O educador Paulo Freire e os autores George Steiner e Peter Burke defendem que a própria práxis do saber, definida e transmitida por um sistema pedagógico, por instrumentos de escolarização, é uma clara forma de poder. A educação teria o pano de fundo conservador por natureza, carregado de valores ideológicos. Quem ensina o quê, a quem e com quais objetivos políticos e/ou institucionais?

Ensinar pode ser considerado um exercício contínuo de poder, assumido ou não, argumenta George Steiner. O mestre tem, e faz valer, o poder psicológico, social e, por vezes, até físico. Tem em suas mãos a possibilidade de reconhecer, premiar, elevar, promover, mas também de punir, excluir, segregar, devastar, na perspectiva de reconstruir. Por essa ótica, o saber e o próprio ethos da educação na sociedade do conhecimento, definido e transmitido por um sistema pedagógico, no qual a figura do mestre desempenha papel central, e por instrumentos de escolarização, são formas de poder.

A educação como forma de poder não se restringe à relação mestre-aprendiz. Desde o tempo dos assírios, bem antes de o Império Romano dominar boa parte do mundo antigo, os governos estiveram interessados em coletar e armazenar dados sobre povos que controlavam. Os Estados eram "sociedades da informação", pois a geração do poder do Estado pressupõe o monitoramento do sistema de informação (coleta, armazenamento, controle e disseminação seletiva da informação aplicada a fins político-administrativos).

Os romanos tentaram realizar censos completos das populações dos territórios que dominaram. Nos primórdios da Europa moderna, um dos principais desenvolvimentos na história do Estado foi a tendência à burocracia – aí começava o "Estado do papel". Reis e rainhas se vangloriavam de estar informados "sobre todas as coisas", mas a primeira burocracia europeia não foi secular, e, sim, eclesiástica. A Igreja, já no século XIII, buscava informações nos registros oficiais.

O papado foi pioneiro em áreas como Arquivos e Documentação. Em meados do século XV, determinou-se que os párocos da Igreja católica mantivessem registros de nascimento, casamento e óbito. A Igreja, ao longo dos séculos, desenvolveu uma "paixão" oficial por informes precisos.

O controle dessas informações estratégicas, seculares ou eclesiásticas foi determinante para a criação das primeiras escolas e academias, que eram um privilégio que apenas a elite formada por nobres ou integrantes do clero podia ter. Na História da humanidade, o conhecimento e o poder sempre caminharam de mãos dadas.

Esse cenário traz à tona um dos pontos principais do processo de educação na sociedade em constante mutação, a oralidade. A história do homem pode ser dividida em três ondas, de acordo com o escritor e futurista americano Alvin Toffler:

a primeira seria o ciclo agrícola; a segunda teve origem na Revolução Industrial e a terceira trata de revolução dos serviços. Se fosse possível dividir os últimos 50 mil anos de existência do homem em gerações de aproximadamente 62 anos cada uma, o resultado seria de cerca de 800 gerações, das quais 650 foram passadas nas cavernas.

Seguindo essa linha de raciocínio, somente durante as últimas setenta gerações foi possível haver comunicação efetiva de uma para outra, basicamente de forma oral. Apenas durante as últimas seis gerações foi que o homem descobriu as palavras impressas, e somente nas últimas quatro foi possível medir o tempo com alguma precisão. Apenas nas duas últimas foi que alguém, em algum lugar, utilizou o motor elétrico.

A educação na sociedade do aprendizado traz como eixo central o poder da palavra, antes mesmo da escrita – e, por vezes, até mesmo a desafiando. O mestre fala ao aluno. A essência da prática pedagógica está na dialética do ideal da verdade que está sendo vivenciada, transmitida oralmente por intermédio da palavra, e depois contestada ou confirmada. A crença de que somente a palavra dita face a face seria capaz de trazer a verdade e garantir o ensino perfeito foi, durante os últimos 5 mil anos, um dogma na práxis corporativa.

É interessante registrar que, apenas nos últimos vinte anos – uma geração – a sociedade da informação, do conhecimento e do aprendizado, começou a experimentar outras formas de difusão das informações. As tecnologias da informação e da comunicação, "herdeiras" da Segunda Guerra Mundial, provocaram profunda discussão no cenário educacional: Será possível educar sem a presença física do mestre?

Como já se discutiu no Capítulo 1, é o excesso de informação, e não a falta dela, o maior problema enfrentado pelo homem moderno. Na sociedade digital dos bites e bytes, os grupos ou sociedades com maior probabilidade de sobrevivência, possivelmente são aqueles que estão mais preparados para educar e preparar os jovens a enfrentar os desafios de um admirável mundo novo em rede. Fernando Svater, escritor e filósofo espanhol, segue a máxima kantiana de que o homem o é somente por meio do aprendizado e que não foi tanto a sociedade que inventou a educação, mas o anseio de educar e de colocar mestres e aprendizes para conviver em harmonia, durante o maior tempo possível, que criou a sociedade humana.

A capacidade de ensinar e de aprender com o outro de forma contínua e cíclica é mais importante para o estabelecimento da humanidade do que qualquer um dos conhecimentos concretos que assim se perpetuem ou se adquiram. Processar informações não é o mesmo que compreender significados. A educação neste novo milênio consiste – ou, pelo menos, deveria consistir – não só em ensinar a pensar, mas também em aprender a pensar sobre o que se pensa e por que se pensa. A educação não deve ser apenas um instrumento para a transmissão de informações na perspectiva da construção de algum conhecimento. O desafio que se apresenta é a formação de indivíduos capazes de pensar, analisar e transformar. No processo educacional, não se deve se concentrar nas respostas, mas sim nas perguntas.

O homem desenvolveu a habilidade de aprender a aprender. O fato de qualquer pessoa ser capaz de ensinar algo não quer dizer, por mais paradoxal que pareça, que qualquer um seja capaz de ensinar qualquer assunto. A instituição educacional surge quando o que é preciso ensinar é um saber científico, não meramente empírico e tradicional. À medida que a humanidade vai evoluindo culturalmente, os conhecimentos se tornam cada vez mais complexos e abstratos, o que torna difícil o autodidatismo ou que qualquer um possua as informações e competências necessárias para ensinar, para que o aprendizado se mostre efetivo, ou seja, gere algum novo saber.

Freud, certa vez, teria dito que há três tarefas impossíveis: educar, governar e psicanalisar. A busca pelo ideal do aprendizado na sociedade da informação, do conhecimento e do aprendizado traz alguns dos principais dilemas que o Pai da Psicanálise bem que poderia ter levantado: a academia deve preparar pessoas para competir no mercado de trabalho ou formar homens completos?

Como pano de fundo dessa discussão, está a antiga polêmica que norteou inúmeros e profundos debates sobre o papel da educação na sociedade: Formar especialistas ou generalistas? Também é levantada a questão sobre de quem é a responsabilidade por essa formação da universidade: do Estado ou da empresa?

Inúmeras são as perguntas, a maioria ainda sem respostas consistentes e/ou convincentes:

- A educação deverá dar ênfase à autonomia de cada indivíduo ou à coesão social?
- Deverá desenvolver a originalidade e incentivar a inovação ou manter os padrões estabelecidos?
- Manterá a neutralidade ou se inclinará por algum modelo de excelência?
- Reproduzirá a ordem existente ou instruirá revolucionários, pessoas que subvertem a ordem estabelecida?
- Incentivará o aprender a desaprender ou se consolidará no aprender a aprender?

A capacidade de aprender se compõe, na prática, de muitas perguntas e de algumas respostas; de buscas pessoais, em detrimento de determinadas convenções preestabelecidas; de crítica e de questionamento, em vez da obediência cega que apenas satisfaz o saber estabelecido. Trata-se de uma atividade tão dinâmica que a práxis educativa, em sua forma mais pura, a aprendizagem, já não faz mais parte do que se convencionou chamar de educação continuada, mas de uma educação para a vida, para toda a vida.

2.2 // AS ÁRVORES DO CONHECIMENTO NO MUNDO DO TRABALHO

... Não sei, mas o outro sabe. Todos os outros. Cada um sabe, cada um traz ao saber sua parcela incomparável. Todo o saber está na humanidade.

– Pierre Levy
Autores do conhecimento, 1995

Os primeiros estudos sobre aprendizagem organizacional datam da década de 1950, mas, só a partir de meados do século XX, as organizações passaram a considerar a aprendizagem um recurso essencial para o processo de transformação organizacional. Associada a um processo de adaptação ao ambiente competitivo em que a organização está inserida, a aprendizagem passou a ter íntima relação com a busca pela sobrevivência e pode ser considerada instrumento de renovação estratégica para a organização.

A época contemporânea trouxe à tona toda a complexidade da dialética entre a instrução e o trabalho, que se afirmaram como eixos centrais da ação pedagógica, segundo o professor e escritor Marcos Del Roio. A instrução consolidou-se como direito universal e como tarefa social das mais importantes da sociedade da informação, do conhecimento e do aprendizado. Já o trabalho se impôs como dever social e atividade básica do homem para integrar e ser inserido nesse mundo informacional.

As duas frentes ora se interligam, complementam-se, ora se mostram antagônicas e com objetivos radicalmente divergentes. Por vezes, o trabalho se afirmou como elemento primário e central da formação, em uma interessante simbiose com a instrução, como resultado desses tempos modernos. Foi essa natureza complexa que fez a sociedade buscar perfis formativos mais flexíveis.

Como ponto de partida para essa discussão, está a Revolução Industrial, que impôs atenção especial da sociedade para com seus processos educativos. Naquela época, surgiu o conceito do homem moderno, ativo, envolvido no domínio/na transformação da natureza para construir um hábitat melhor.

É verdade que essa é uma necessidade de sobrevivência básica desde que o homem se viu e se posicionou como homem. A diferença está justamente na evolução dos processos de produção e de formação.

Na prática, a relação entre formação e trabalho se manifestou segundo diversas perspectivas. Se, por um lado, surgiu a necessidade de se prepararem profissionais formados nas mais diversas especialidades, para atender às novas demandas sociais, culturais e econômicas; por outro, o que se presenciou foi a afirmação de um homem capaz de operar, processar, assimilar e construir novos conhecimentos.

A filósofa e pensadora Hannah Arendt entrou nessa discussão ao representar, na expressão *vita activa*, as três atividades fundamentais da condição humana: labor, trabalho e ação. Se à primeira vista esses elementos parecem sinônimos, a autora trata de traçar diferentes definições para cada um dos conceitos. Labor é a atividade que corresponde ao processo biológico do corpo humano. Por essa ótica, a condição humana do labor seria a própria vida. Já o trabalho é uma atividade artificial da existência humana, por produzir um mundo nitidamente diferente de qualquer ambiente natural. A condição humana do trabalho seria a mundanidade, e a ação é a única atividade que se exerce diretamente entre homens, que corresponde à condição humana da pluralidade:"... A pluralidade é a condição da ação humana, pelo fato de sermos todos os mesmos, isto é, humanos, sem que ninguém seja exatamente igual a qualquer pessoa que tenha existido, exista ou venha a existir."

Por essa perspectiva, as três atividades fundamentais e suas respectivas condições teriam íntima relação com as condições mais gerais da existência humana. O labor não assegura apenas a sobrevivência do homem, mas a vida da espécie. A condição humana retrata a essência do homem, como ser condicionado pela própria natureza, ou seja, tudo aquilo com que ele entra em contato torna-se instantaneamente uma condição de sua própria existência.

É interessante observar que esse olhar sobre o DNA da existência do homem trata de um mundo no qual transcorre toda a *vita activa*, que, por sua vez, consiste na produção pelas atividades humanas, em tudo aquilo que é produzido, de certa forma, e que também condiciona seus autores humanos.

Apesar de não apresentar respostas definitivas, algumas pistas são levantadas na tentativa de entender *se* e *como* o conhecer modifica o conhecido e o viver modifica a vida e o homem? As questões filosóficas parecem nunca se esgotar e estão sempre voltando ao ponto de partida.

As interfaces entre trabalho e educação passam por essa discussão. A pedagogia do século XX procura, ou melhor, se vê impulsionada a, abrir espaço nas escolas para o trabalho, ora pedagógico (o do fazer não produtivo, apenas instrutivo), ora como algo produtivo a ser exercido em locais específicos (como nas oficinas e nos laboratórios de prática) associados ao ambiente escolar e capazes de introduzir um trabalho real.

Na história da pedagogia, esse período foi retratado entre o ativismo e o marxismo, antes da revolução cognitiva (que exalta a transmissão de saberes de modo orgânico, lógico, formalizado, rigoroso e que, ao instruir, forma). Apesar de a prática informacional constatar a impossibilidade da transmissão de conhecimento pura e simples entre o mestre e o aluno que chega "desprovido de qualquer saber", o que se percebe, na realidade, é uma transmissão de informação, e não de conhecimento.

O ativismo foi um movimento mundial que teorizou e experimentou, até os anos 1950, modelos de "escolas novas" e uma reintegração entre o pensamento e a ação. Já na doutrina do marxismo soviético (que também deve ser entendido como um movimento pedagógico), o aprendizado seria construído com base no modelo politécnico de escola e de instrução, conjugando formação cultural e trabalho produtivo na fábrica. Ambos os movimentos defendiam a reintrodução da práxis, da atividade laboral, na escola e na formação de jovens gerações; fenômeno que se percebe nos dias de hoje como política governamental para o desenvolvimento do Brasil.

O vínculo instrução-trabalho adquiriu nova vertente pelo movimento cognitivista que invadiu a pedagogia e a escola na segunda metade do século XX. Hoje, é a instrução, mais que o trabalho *stricto sensu*, que se apresenta no centro dessa problemática. Formar jovens gerações passou a representar transmitir-lhes competências profissionais e comportamentos essenciais para atender às demandas do mundo do trabalho.

O problema que o século XXI apresenta é que o homem moderno é caracterizado também pelo operar, pelo aprender a fazer e aprender a refazer, em razão da rápida obsolescência do próprio conhecimento e das novas tecnologias. Ao mesmo tempo, esse homem habita uma sociedade complexa que necessita de pessoas cada vez mais especializadas, socialmente diferenciadas por competências e habilidades (princípio central da instrução) e por conhecimentos técnicos cada vez mais específicos e articulados.

O que se percebe é um movimento de aproximação entre duas metodologias que se caracterizavam e se posicionavam como conflitantes e que começam a convergir em um mercado de trabalho cada vez mais complicado. Já existe consenso de que informação, conhecimento e comunicação são as principais fontes de riqueza da sociedade atual. Apesar disso, o modo clássico de reconhecer e avaliar esses saberes está sendo criticado por uma série de fatores que se podem reunir em quatro princípios básicos adaptados dos conceitos do marketing de serviços, segundo os autores Philip Kotler, Valarie Zeithaml e Christopher Lovelock:

1. **Inseparabilidade:** não ter diploma não significa que a pessoa não saiba algo; por outro lado, ter um diploma não significa saber algo. *O que ignoro é, antes de tudo, o que o outro sabe* (Lévy, 1995, p. 102).
2. **Variabilidade:** ter o mesmo diploma não significa que as pessoas tenham as mesmas competências ou habilidades para executar suas tarefas.
3. **Padronização:** falta de padronização da educação e de um sistema de equivalência ou de avaliação em um mundo globalizado.
4. **Perecibilidade:** a rápida obsolescência do conhecimento consolidado nas universidades e nas organizações.

O que se constata nestes novos tempos é uma mudança radical nas relações entre empregados e empregadores. Por trás dessa questão, há uma mudança significativa de foco no lugar do emprego para a vida toda, da empregabilidade, da trabalhabilidade, da "laborabilidade" ou, como a autora J.C. Meister prefere chamar, da "ocupacionalidade" para a vida toda, isto é, a capacidade de o trabalhador conquistar um emprego ou se manter empregado.

O antigo contrato social implícito, que estabelecia uma "promessa" de trabalho para a vida toda, já não existe mais. A segurança do emprego não pode ser vista como algo que decorre do trabalho em uma única empresa, mas da manutenção de uma carteira de qualificações relacionadas ao emprego. Isso significa que a educação não acaba quando o aluno se forma na escola tradicional. O que se espera é que os trabalhadores construam sua base de conhecimento ao longo da vida e que se atualizem a cada dia ou a cada nova tecnologia. É a geração de "trabalhadores do conhecimento", definidos pelo guru Peter Drucker, na década de 1960.

Essa frenética necessidade da atualização constante pode ser representada pela metáfora da árvore do conhecimento do filósofo Pierre Lévy, segundo a qual o homem poderia semear novos saberes, experiências, habilidades e competências aos conhecimentos adquiridos ao longo de sua vida. Em decorrência de suas novas competências, o homem receberia o reconhecimento social. A árvore do conhecimento seria uma espécie de mapa dinâmico, uma representação gráfica da vida, ou melhor, uma tomografia computadorizada em 3D do conhecimento de cada indivíduo.

A árvore do conhecimento idealizada por Levy propõe a valorização do reconhecimento de saberes e também pode dar frutos (competências adquiridas) que, ao serem trocados por outros saberes, se transformariam em brasões, símbolo maior da conquista humana por segurança, recompensa e reconhecimento, necessidades apontadas por Maslow.

Por mais utópica que possa parecer, a metáfora de Pierre Levy retrata, com fidelidade, os novos paradigmas da sociedade do aprendizado, na qual os empregadores dão a seus funcionários, enquanto lá estiverem empregados, a possibilidade de desenvolverem melhor capacidade de trabalho em troca de maior produtividade e certo nível de comprometimento com as crenças, os valores e as metas da empresa.

À medida que o mundo vai-se tornando mais interligado, a economia, mais instantânea, e os negócios, mais complexos e dinâmicos, o trabalho precisa ligar-se profundamente à aprendizagem. Simplesmente porque o modelo de ter um visionário que possui todas as respostas e que pensa sozinho pela empresa se esgotou. Não é mais possível encontrar soluções mágicas na alta gerência e fazer com que toda a organização siga incondicionalmente suas ordens.

As organizações que sobreviverão neste futuro cheio de incertezas serão aquelas que descobrirem como incentivar nas pessoas o comprometimento e a capacidade de aprender em todos os níveis, em todos os setores da organização. Como afirma Peter Senge, as organizações que aprendem só serão possíveis porque, no fundo, todos são aprendizes.

As relações e interfaces do mundo do trabalho com o mundo da educação e da aprendizagem estão sendo rediscutidas. A fronteira que envolve esses dois universos aparentemente tão diferentes, mas que se complementam, está cada dia mais difícil de ser delimitada ou entendida com clareza.

Apesar da falta de entendimento na definição das fronteiras, as autoras J.C. Meister e Marisa Eboli acreditam que a educação corporativa se insere no contexto da economia do conhecimento, e seria, em essência, o modo como se gerencia a informação no trabalho. Já os professores americanos Carl Shapiro e Hal Varian classificaram esse fenômeno como Economia da Informação. O fato é que a nova economia exige um aprendizado contínuo como espécie de pré-requisito para as organizações que pretendem continuar competitivas.

A tarefa de educar já não pode mais ser vista como atividade exclusiva da academia, com base no antigo modelo escolar de ensino-aprendizagem. O que se discute é se, na própria dinâmica do mercado, a competitividade não leva a uma redução do prazo de validade do conhecimento. Essa é a questão central tanto no planejamento estratégico quanto no desenvolvimento de programas de educação corporativa, pois afeta a maneira como se pensa e aplica a aprendizagem nas organizações que, por sua vez, necessitam ser, ao mesmo tempo, educadoras e informacionais.

2.3 // O NOVO PARADIGMA DA PRÁTICA CORPORATIVA: ORGANIZAÇÕES EDUCADORAS E INFORMACIONAIS

Quanto mais aumenta o nosso conhecimento,
mais fica evidente a nossa ignorância.

– JOHN KENNEDY

A pedagogia pode justificar sua existência pelo estudo sistemático das práticas educativas que se realizam na sociedade como processos fundamentais da condição humana. O conceito ampliado da educação se fundamenta na existência de uma inter-relação entre processos educacionais formais e não formais que não se restringem à escola ou à família.

A educação formal nasce na escola como local privilegiado de ensino/aprendizagem quando interessa ao exercício a determinado poder. É uma prática ideológica por natureza. Na antiga Grécia, a "escola" era um palco privilegiado que se propunha à discussão e aos debates que criaram a dialética e ajudaram a formar os alicerces da sociedade ocidental. Aristóteles, Sócrates e Platão – todos mestres na arte de ensinar, provocar debates e reflexões que buscavam entender o mundo em que viviam. Parece que, desde então, a educação formal sempre está a serviço desta ou daquela ideologia. Por outro lado, é possível estimular as práticas educativas fora dos limites da escola formal. As primeiras comunidades humanas parecem valer-se mais desse modelo. O aprendizado vai ocorrendo ao longo do dia e em meio aos afazeres da comunidade.

Na realidade, hoje é impossível pensar em educação sem escola, sem um espaço formal para a prática educativa. Embora se tenha retomado a possibilidade de se aprender fora dos muros da sala de aula, em razão do avanço das novas tecnologias de informação e comunicação, a escola ainda é considerada e valorizada pela sociedade como uma instituição indispensável para a formação e a capacitação dos indivíduos. Mais que isso: é um espaço "sagrado" do saber consolidado.

Esse é o principal motivo das duras críticas à educação escolar feitas por pensadores como Bordieu, Baudrillard, Ilich, Foucault, Gramsci e Freire. Para eles, com diferentes abordagens, a escola está a serviço das classes dominantes e constitui o local privilegiado de manutenção do poder das elites.

Independentemente das questões ideológicas, que foram levantadas anteriormente, o conceito de trabalho está passando por uma mudança acelerada, radical e sem precedentes na História recente. Hoje, a corporação é mais enxuta, mais plana e menos hierárquica do que há 10 ou 15 anos. A hierarquia corporativa, que já foi estável e de movimentos lentos, com os "pensadores" no topo da pirâmide e os "fazedores" na base, conforme J.C. Meister, mostrou-se pouco adequada para enfrentar os desafios de hoje. Na luta pela sobrevivência, as organizações apostam em um novo modelo de gestão, com processos que valorizam a velocidade, a flexibilidade e a eficácia operacional. As empresas precisam trabalhar melhor para obter mais resultado com menos recursos.

O século XXI marca um novo paradigma do pensamento administrativo e organizacional. Segundo Peter Drucker, a economia baseada no valor agregado pelo capital humano e intelectual retrata o advento da nova organização. O centro da gravidade do emprego desloca-se rapidamente dos trabalhadores manuais – narrados fielmente no filme *Tempos modernos*, de Charles Chaplin – para os trabalhadores do conhecimento, que resistem ao modelo de comando e controle incorporado das organizações militares há mais de cem anos.

O móvel para tantas transformações pode ser explicado pela própria essência da sociedade da informação, do conhecimento e do aprendizado. A sociedade mudou, a economia também e as empresas estão tentando acompanhar essas transformações para não ficarem defasadas. Como os papéis e as funções nas organizações estão bem diferentes do que eram há alguns anos, isso significa que o trabalhador precisa reunir novas competências e habilidades. O elo entre a qualificação do funcionário e a competitividade de uma corporação fica claro neste depoimento do então reitor[1] de uma universidade americana:

> A educação e a qualificação da força de trabalho serão a principal vantagem competitiva do século XXI. Motivo: está surgindo um conjunto totalmente novo de tecnologias que exigirão que o trabalhador médio, seja do setor administrativo, seja do de produção, adquira qualificações que não eram obrigatórias no passado. Essas qualificações vão além das responsabilidades limitadas de determinado cargo e alcançam um amplo conjunto de habilidades necessárias para que o trabalhador se adapte às novas tecnologias e mudanças no mercado de trabalho.

A nova organização baseada em informações se converteu em espaços nos quais trabalho e aprendizado parecem significar o mesmo. Dá-se ênfase ao desenvolvimento da capacidade da pessoa de aprender a aprender, e a aprender a fazer, como mostra a tabela a seguir.

TABELA 2.1 – O NOVO MODELO DA ORGANIZAÇÃO

MODELO ANTIGO	A NOVA ORGANIZAÇÃO EM TRANSIÇÃO	ORGANIZAÇÃO DO SÉCULO XXI
Hierarquia rígida	Organização	Mais flexível com redes de parcerias e aliança estratégicas
Desenvolver a maneira atual de fazer negócios	Missão	Estimular mudanças com valor agregado – reinventar-se sempre
Autocrática e centralizadora	Liderança	Inspiradora e participativa
Domésticos	Mercados	Globalizados
Centralizada = poder	Informação	Compartilhada = poder fazer
Ferramentas para desenvolver a mente	Tecnologia	Ferramentas para desenvolver a colaboração
Homogênea	Força de trabalho	Heterogênea multicultural
Equipes isoladas	Processos de trabalho	Equipes interfuncionais
Sobrevivência e segurança	Expectativa do funcionário	Desenvolvimento pessoal, qualidade de vida e reconhecimento
Tarefa da escola ou universidade	Educação e treinamento	Tarefa da empresa com parcerias com escolas e universidades

Fonte: Starec, 2009. Adaptado de Meister, 1999, p. 3.

A nova organização tem agora a missão de aprender a se reinventar mais rapidamente do que seus concorrentes na busca por diferenciais competitivos sustentáveis. Esse aprendizado deve ser posto em prática, também de forma mais rápida que o dos concorrentes – tarefa das mais difíceis de se alcançar no mundo corporativo. Hoje, mais que em qualquer outra época, a educação está sendo construída em várias frentes, com distintos objetivos como fruto da demanda da sociedade. A nova práxis educativa deve ser mais flexível na oferta dos currículos e dos cursos, a fim de permitir uma formação interdisciplinar que privilegie a aquisição de habilidades e competências fundamentais à prática profissional.

Para a organização ter sucesso, precisa lidar com duas questões fundamentais: a primeira é a externa, a mudança contínua do ambiente competitivo; e a segunda deve ter ligação sistêmica com a cultura organizacional: a necessidade de aprender sempre (*learning organizations*). O autor Peter Senge defende que esse aprendizado corporativo ocorre por meio do desenvolvimento de cinco disciplinas.

1. Maestria pessoal (*personal mastery*): relacionada a autoconhecimento e autodesenvolvimento, responsabilidades cada vez mais atribuídas ao colaborador.
2. Modelos mentais (*mental models*): trata de imagens que influenciam o modo como as pessoas veem o mundo e, em razão dessa visão particular, interagem com seus pares e tomam decisões.
3. Objetivos comuns (*shared vision*): aborda as questões relacionadas à clareza dos objetivos e das metas empresariais e à sua comunicação (compartilhamento) com toda a organização.
4. Aprendizado em grupo (*team learning*): relacionada ao desenvolvimento de habilidades coletivas das melhores práticas e de ações coordenadas para alcançar objetivos comuns.
5. Pensamento sistêmico (*systems thinking*): um modelo conceitual formado por um conjunto de conhecimentos ferramentais, que busca o aperfeiçoamento do processo de aprendizagem como um todo.

As novas organizações se caracterizam essencialmente pelo desafio de facilitar a comunicação da informação, compartilhando as melhores práticas e o incentivo à aquisição/construção de novos conhecimentos por seus colaboradores. O sucesso desse modelo educacional tem ligação direta com as facilidades (propiciadas pela revolução tecnológica), ao fazer com que as informações se tornem mais acessíveis o tempo todo.

Essa nova e desafiante fronteira da educação surgiu em decorrência dos avanços tecnológicos que contaminaram, de forma decisiva, pessoas, empresas, governos e sociedades. O advento da nova organização só foi possível após se constatar que não existe organização sem pessoas e de que informação e conhecimento são a principal riqueza da sociedade do aprendizado.

2.4 // A ARTE DA ESTRATÉGIA NA EDUCAÇÃO

> *Em uma economia em que a única certeza é a incerteza,*
> *a única fonte confiável de vantagem competitiva é o conhecimento.*
>
> – IKUJIRO NONAKA
> *GESTÃO DO CONHECIMENTO: CRIAÇÃO DE CONHECIMENTO NA EMPRESA*, 1998

Hoje, há um consenso de que o nível de desenvolvimento de um país pode ser medido por infraestrutura básica, educação técnica e superior, e ciência e tecnologia de que dispõe. Os países que se destacam ou se apresentam como fortes competidores no cenário internacional são aqueles que mais investem em educação, pesquisa e desenvolvimento e inovação.

Em outras palavras, o progresso tem ligação direta com o avanço da educação. Nos países emergentes, como o Brasil, o processo de mudança tecnológica consiste, com algumas raras exceções, no aprendizado da utilização e do aperfeiçoamento de tecnologias já existentes em economias mais avançadas. O salto se dará não apenas com base em um montante investido, mas, acima de tudo, na qualidade desse investimento.

Uma vez que praticamente todos os países buscam ter acesso ao mesmo conjunto de dados e informações, conhecimentos técnicos e tecnologias de comunicação, um fator decisivo do desempenho organizacional está diretamente relacionado ao grau de aprendizado tecnológico local.

No final da década de 1990, Helena Lastres[2] escreveu um artigo sobre a informação no sistema japonês de inovação no nível das organizações individuais. A análise feita revela que a marca que mais distingue o sistema japonês de inovação está ligada diretamente às estruturas informacional e de incentivos que caracterizam a organização interna das empresas e de outras instituições japonesas. É interessante observar que o fluxo de informação das empresas e instituições japonesas é horizontal (*horizontal information flows*) e que esta contrasta com os fluxos verticais (*vertical information flows*), típicos das empresas ocidentais.

A professora e economista Helena Lastres aponta como crucial para o desenvolvimento e a implementação desse processo de inovação o sistema vitalício de emprego (*lifetime employment*), assim como a prática do rodízio de funções, metodologia usualmente adotada e incentivada pelas empresas japonesas. Segundo o *rotation system*, cada funcionário ocupa por cerca de dois a três anos determinado cargo dentro da organização e, após, segue para exercer outras diferentes funções por igual período.

A adoção desses sistemas e de métodos de treinamento e de avaliação que privilegiam a contribuição do conjunto de trabalhadores (em oposição à ênfase dispensada a esforços individuais) é considerada fator correlato que permite a integração de funções dentro das organizações, facilitando o processo de trocas de informações e de conhecimentos (Lastres, 1996).

Uma das formas que as empresas encontraram para compartilhar o conhecimento é o rodízio regular de funções para:

- familiarizar trabalhadores com as diferentes atividades da empresa/organização;
- aumentar a capacidade de os trabalhadores se comunicarem entre si e se entenderem;
- ampliar as possibilidades de se identificar, com maior rapidez, origens e focos de problemas e gargalos, assim como de se formular soluções cabíveis; e
- evitar o desenvolvimento e a cristalização de interesses, posturas e rotinas não condizentes com a flexibilização e a introdução de inovações tanto técnicas quanto organizacionais.

O ciclo da inovação no sistema japonês só se consolida com um processo de aprendizado contínuo, interativo e adaptativo. O objetivo dessas práticas é obter maior rapidez para transformar novas ideias em inovações incorporadas pela empresa – um resultado característico desse processo de "azeitamento" das interações é a troca constante de informações.

O autor W. Kim esclarece que a capacidade tecnológica nacional é um conjunto de habilidades, experiências e esforços que permitem que as empresas de um país adquiram, utilizem, adaptem, aperfeiçoem e criem tecnologias com eficácia. Embora, segundo o autor, a empresa individual continue sendo a unidade fundamental da atividade tecnológica, a capacidade nacional é mais que a soma das aptidões individuais das empresas.

A pedagogia tradicional, ou mesmo a Teoria Econômica Clássica, quando trata da abordagem empresarial, não se revela muito apropriada para analisar ou mesmo explicar como as atividades tecnológicas ocorrem no mundo real. Com as mudanças tecnológicas e econômicas que atingem as empresas no mundo inteiro, a capacidade de aprendizagem adquire importância cada vez maior.

O Brasil, como outros países em desenvolvimento, obtém a maior parte de sua tecnologia industrial do mundo industrializado; um de seus maiores problemas está justamente em como preparar as pessoas para dominar, adaptar ou mesmo aperfeiçoar as técnicas, os conhecimentos e os equipamentos adquiridos "além-mar".

Como, segundo o professor e pesquisador Aldo Barreto, o conhecimento se adquire e não se transfere no mundo produtivo – como se convencionou chamar o mundo do trabalho –, o aprendizado tecnológico requer esforço adicional, planejado e crescente, para reunir, analisar e disseminar informações, testar objetos, criar novas habilidades e competências, novas rotinas operacionais e conquistar novos mercados.

Apesar de a Teoria Econômica Clássica ignorar o aprendizado como um processo real e significativo em toda a cadeia de produção, ele é vital para o desenvolvimento industrial. Por outro lado, as empresas não dispõem de informações completas e precisas sobre alternativas e funções técnicas, apresentando um conhecimento parcial, imperfeito e míope das tecnologias que utilizam. Isso leva à descoberta de que, antes de tudo, o próprio aprendizado precisa ser aprendido.

As organizações, principalmente as industriais, também aprenderam que o desenvolvimento de aptidões e técnicas específicas precisa envolver os esforços de toda a organização. Entre as interfaces com o mundo do trabalho e a educação, está claro que, em qualquer processo de aprendizagem, existem diversos graus de profundidade. As aptidões operacionais mínimas, que se traduzem pelo *know-how*, são essenciais para toda a atividade produtiva, assim como o último estágio do processo, que lida com a construção de competências essenciais e aptidões mais profundas para dominar a tecnologia (*know-why*).

É importante ressaltar que o aprendizado tecnológico em uma organização não acontece de forma isolada; em todo o processo, há interfaces, externalidades e interconexões. As interações mais diretas envolvem fornecedores, consultores, clientes e concorrentes; as relações tecnológicas também acontecem com empresas ou setores não afins, como institutos de tecnologia, instituições de fomento, universidades, associações industriais ou de classe ou empresas de treinamento. Muitas dessas relações ocorrem de modo informal, nem todas são intencionais ou cooperativas e algum aprendizado pode envolver imitação ou *benchmarking*.[3]

No ambiente corporativo, o aprendizado pode ser definido como um processo por meio do qual a repetição e a experimentação permitem que as tarefas sejam mais bem executadas e mais rapidamente desempenhadas. No próprio processo, espera-se a formalização de lições aprendidas para que sejam identificadas novas e melhores oportunidades de produção. Os processos de aprendizado são simultaneamente individuais, sociais e coletivos.

O aprendizado coletivo ocorre na medida em que a informação e a especialização fluem ligadas a um conjunto de atividades afins. A exploração desses efeitos pode ser um meio muito eficaz de acelerar a competência tecnológica.

Pode-se afirmar que a Economia da Informação que surgiu na sociedade do conhecimento passou a ser caracterizada pelo desafio de gerar novas informações na perspectiva da construção de novos saberes dentro da própria organização ou compartilhados com outros interessados.

2.5 // A VIDA DIGITAL NA SOCIEDADE DO APRENDIZADO

A tecnologia não é boa, nem má; tudo depende do uso que se faz dela.

– Noam Chomsky
O IMPÉRIO AMERICANO, 2004

A tecnologia mostrou o que, para muitos, é um novo caminho; mais rápido, abrangente, com uma série de benefícios e vantagens em relação ao modo de fazer analógico do ensino presencial, mas que traz consigo outra longa lista de problemas e dificuldades. Se, por um lado, com o ensino a distância é possível fazer mais com menos, por outro, nada substitui a efetividade da interface presencial com o professor. Essa interface permite uma interação, com troca de informações, impressões, experiências, que os sistemas tecnológicos ainda não conseguiram recriar.

Não se pode menosprezar – muito menos desprezar – a fantástica potencialidade de acesso à informação que as novas tecnologias proporcionaram. De fato, é extraordinário o efeito sociocultural que o acesso à rede proporciona. Mas será que os mestres do século XXI estão preparados para lidar, ou seja, enfrentar a geração Plug-in da Web 3.0, do blog, do Twitter, do Facebook, que já traz a tecnologia em seu DNA? E, por outro lado, será que a facilidade de acesso não cria uma geração Control C, Control V, da pobre metodologia copiar e colar, sem a menor preocupação com uma reflexão mais aprofundada sobre a pesquisa a ser feita?

Surge a geração Y, ou, como alguns autores preferem chamar, a geração C (de conteúdo, conectividade, conexão, colaborativa por natureza, que foi concebida com muita tecnologia e não se imagina sem ela). É a tribo do usuário produtor, que parece ter nascido com celular acoplado, filmando e fotografando tudo, para, instantes depois, enviar as imagens por meio de sua conta de e-mail e postá-las em páginas de sites de relacionamento ou blogs. As tendências apontadas por especialistas das empresas de tecnologia revelam que, nos próximos anos, a convergência será ainda mais decisiva para o desenvolvimento de novos produtos e serviços.

Perde espaço a conhecida divisão da era moderna: a.C. e d.C. (antes de Cristo e depois de Cristo); agora, na sociedade da informação, do conhecimento e do aprendizado, talvez faça mais sentido a referência a a.i. ou d.i. (antes da internet ou depois da internet). Para a geração Wikipedia/YouTube/Twitter/Facebook, produzir ou consumir a informação é atividade primária, quase tão essencial quanto o próprio ato de respirar. Para esses jovens mestres aprendizes, o choque cultural com o antigo paradigma educacional é inevitável; isso sem mencionar o velho mestre que, por opção ou falta dela, ainda não carimbou seu passaporte na nova era.

Ao tratar o tema Educação a Distância, que não pode ser encarado como um assunto novo aqui no Brasil, pois desde a década de 1950 empresas como a Petrobras já recorriam a esse modelo de ensino para capacitar colaboradores por meio de apostilas. A novidade se dá, mais uma vez, em razão da tecnologia. E não se trata apenas da internet. A educação ganhou mobilidade e ganhará ainda mais com a televisão digital ou com o *m-learning* (*mobile-learning*), o uso do celular como forma de aprendizagem. Hoje, segundo dados da PNAD, o celular já disputa com a televisão o título de mídia ou tecnologia mais utilizada pelo brasileiro.

Pesquisas feitas por instituições certificadoras como *e-ratings* e *e-ibope* revelam que, em todo o mundo, o brasileiro é aquele que passa mais horas por dia diante da tela do computador. O Brasil é um dos dez países que mais acessam as redes sociais, de acordo com pesquisa realizada pelo Ibope Inteligência em parceria com a Worldwide Independent Network (WIN) of Market Research. Os internautas brasileiros acessam redes sociais principalmente por razões pessoais (83%), mas há também parcela significativa, de 33% dos usuários de internet, que acessa essas redes para uso profissional.

Na tentativa de se quantificar o novo padrão, Barreto[4] fez um interessante levantamento sobre o tema. Segundo a pesquisa, no início de 2008, havia 20 bilhões de sites, com uma média provável de 1 bilhão de documentos na "web visível" e cerca de 500 bilhões de documentos digitais na chamada "*deep web*", que os buscadores convencionais não acessam. A taxa de crescimento diária desses documentos é contínua e cumulativa. Um bom exemplo de documento digital aberto é o blog.

Barreto recorda que, em 1999, a Web disponibilizava 90 blogs – páginas da web cujos enunciados são organizados cronologicamente, de forma inversa, como um diário. Hoje, já existem mais de 100 milhões de blogs pessoais com narrativas de todas as áreas do conhecimento e, a cada dia, são criados mais 200 mil; alguns são interrompidos, outros hibernam, mas a maioria tem longa duração. Uma parte dessa produção são diários pessoais públicos, sem importância de registro documental, mas uma boa quantidade de blogs contém informação de interesse para a ciência e a tecnologia. Em média, 400 mil textos são "postados" nos blogs por dia, 16 mil por hora.

No Brasil, estima-se que 24 mil posts são escritos ao dia, cerca de 80 mil ao mês. Apesar de ter um grande número de blogs cadastrados, o Brasil não é o lugar onde há um grande diálogo de enunciados.

O que se acredita é que o conhecimento potencialmente armazenado em estoques agrupa-se, de forma exponencial, nas estruturas da rede. Em razão do crescimento dessa cadeia de documentos na internet, a organização da informação tenderá a ruir em pedaços, por causa de seu próprio peso, a menos que se estabeleçam condições relativas de qualidade do conteúdo, de parte da estrutura, em relação a todo o seu conteúdo físico. É um problema de avaliação e gestão da informação. Na prática, o que se percebe é que uma verdadeira explosão de informação propiciada pela revolução tecnológica significa uma explosão de lixo informacional, que será mais bem discutida no Capítulo 3.

A sociedade se afoga em um oceano de dados, mas com pouca informação relevante e útil, principalmente para auxiliar no processo de tomada de decisão, como vimos no Capítulo 1. Em decorrência dos perigos causados pela hiperinformação, o que se propõe é um olhar diferente, quase um retorno às origens, o gotejamento informacional (informação na medida, para a pessoa certa, no momento certo).

Nesse cenário, em que as medidas, como são conhecidas, perdem boa parte do sentido, o conceito de megauniversidade surge com o crescimento exponencial da superestrada da informação. Este título é concedido a instituições com mais de 100 mil estudantes. Na Ásia (Índia e China), registram-se universidades abertas com mais de 1,5 milhão de alunos. No Brasil, segundo os dados do MEC, só existem três universidades privadas nessa condição, com mais de 100 mil estudantes matriculados.

Estamos na Era da Conectividade: nas favelas e comunidades carentes do Brasil, um dos negócios que mais crescem é o de *lan houses*, que, na prática, são locais de acesso à informação, à comunicação e ao entretenimento, o que demonstra o poder e o impacto da tecnologia na vida das pessoas. Esse é um fenômeno recente, mas de grande impacto desde a invenção da prensa tipográfica por Gutenberg, por volta de 1450.

Entre todas as grandes invenções do homem – roda, arado, papel, máquina a vapor, energia elétrica, prensa, cinema, rádio, televisão, jornal, carro e avião –, nenhuma teve expansão tão rápida quanto a internet, que é o marco do que convencionamos chamar de Tecnologias da Informação e da Comunicação (as TICs). Essas novas tecnologias, que estão no DNA da informação, modificaram e continuarão modificando a sociedade moderna.

O acesso às redes de informação e de comunicação abriu novas fronteiras do conhecimento na sociedade do aprendizado. É importante registrar que o volume disponível não é – nem será – sinônimo de qualidade ou relevância da informação recuperada.

No final dos anos 1990, era comum apostar – de acordo com os autores Pierre Lévy, Nicholas Negroponte, Paul Virilio, Noam Chomsky e Adam Shapiro – que as novas tecnologias da inteligência causariam uma espécie de efeito dominó na indústria. A crença era a de que só teriam futuro as organizações que oferecessem seus produtos e serviços em formato digital. A corrida na superestrada da informação provocou uma bolha que engoliu empresas no mundo inteiro e causou enorme desconfiança na sociedade; afinal, o mundo digital não passava de uma fantasia, de um pesadelo?, perguntavam-se executivos, economistas, administradores, jornalistas, políticos e críticos em geral.

Descobriu-se, depois de um duro despertar, que de nada adianta toda a tecnologia do mundo, por mais avançada que seja, se o homem por trás da máquina não estiver interessado nas informações que o computador pode recuperar e processar. Na verdade, a sociedade precisa dar, ou melhor, devolver, ao homem o papel central neste mundo informacional. As empresas e os empresários se deram conta de que estavam gastando demais com equipamentos e programas, e de menos com pessoas, como alerta Thomas Davenport:

> É o uso da informação, não sua simples existência, que permite aos gestores tomarem decisões melhores, aprender com clientes e concorrentes e monitorar os resultados... Nosso fascínio pela tecnologia nos faz esquecer o objetivo principal da informação: informar. Todos os computadores do mundo de nada servirão se seus usuários não estiverem interessados na informação que eles podem gerar.

Hoje, o cenário aponta para um processo de integração entre os mundos digital e real. Na prática, o que se percebe é uma rápida aproximação entre essas duas realidades, outrora tão distantes. Mais uma vez, o que se apresenta é uma série de possibilidades, principalmente no que se refere à educação e aprendizagem, mas que trazem vários novos desafios e mitos a serem vencidos, como o de que o Ensino a Distância (EAD) é mais fácil e exige menos tempo do que a educação tradicional, ou o de que no EAD não existe contato com um orientador-professor ou, até mesmo, o de que essa nova modalidade de ensino não tem o conteúdo necessário para formar o profissional do futuro.

Ainda são inúmeros os desafios pela frente, a começar pelo incentivo ao uso da tecnologia na educação, quando a maioria das escolas públicas brasileiras ainda não tem um único computador e a pesquisa O Perfil do Professor Brasileiro, encomendada pelo MEC em 2005, aponta que nada menos do que 60% dos professores da educação básica nunca usaram a internet.

As fronteiras entre o ensino presencial e a distância começam a desaparecer em uma sociedade que navega com muita rapidez, que pega carona nessa superestrada da informação cada vez mais veloz, em uma desenfreada "corrida maluca" contra o relógio, pois ainda há a esperança de vencer essa competição. Talvez seja a hora de olhar a vida digital por outro viés, não o da competitividade, mas o da integração total de uma aldeia que, a cada dia, está menor e mais interligada.

capítulo 3

Ritus

O homem só chega a ser homem pela educação. Ele não é senão aquilo que a educação faz dele. É importante sublinhar que o homem é sempre educado por outros homens e por outros homens, os quais, por sua vez, também foram educados... a educação é uma arte cuja prática deve ser aperfeiçoada ao longo de gerações.

– EMMANUEL KANT
O VALOR DE EDUCAR, 2005

3.1 // INFORMAÇÃO E ESTRATÉGIA COMPETITIVA

O mundo gira em torno da informação. Os países atualmente se dividem em desenvolvidos, produtores de conhecimento, e subdesenvolvidos, aqueles que importam esse conhecimento já elaborado para copiá-lo ou, na melhor das hipóteses, adaptá-lo.

– JOHANNA SMIT
O QUE É DOCUMENTAÇÃO, 1986

Há aproximadamente 2.500 anos, Sun Tzu,[1] um velho general chinês, mestre na arte da guerra, argumentava que, para não perder uma batalha, só dependia das próprias forças de seu exército, mas, para vencer uma guerra, dependia essencialmente de uma oportunidade deixada pelo inimigo. Esse pensamento retrata a relevância da informação em cenários competitivos. A metáfora de que o ambiente de negócios atual é um campo de batalha e o mercado, uma guerra, é validada tanto no meio empresarial quanto no acadêmico.

Em qualquer estratégia empresarial, não basta ter informações sobre o mercado, sobre o ambiente competitivo ou sobre os concorrentes, sem antes conhecer a própria organização, seus pontos fortes e fracos, suas oportunidades e ameaças. Acredita-se que são pouquíssimas as organizações que realmente se conhecem. Se o objetivo de qualquer organização é ter resultado, o diferencial está na qualidade da informação e no tempo que essa informação é utilizada.

Informação, para ser estratégica, deve ser coerente e útil, isto é, precisa ser relevante para o planejamento estratégico e, principalmente, estar disponível a tempo ou em tempo real. Sem uma política de informação definida, o resultado imediato é a sobrecarga de dados. A informação válida em tempo hábil pode aperfeiçoar o processo decisório em qualquer organização, posicionando-se como um diferencial competitivo.

Acredita-se que a informação é um bem perecível que tem seu tempo de vida útil determinado pelo conhecimento e pelas decisões que a própria informação pode gerar. Ao mesmo tempo em que a informação impulsiona o mundo atual, gera uma série de contrastes: acredita-se que a riqueza da informação produz a pobreza da informação.[2]

Com base na definição de Aldo Barreto[3] que qualifica informação como um instrumento modificador da consciência do homem e de seu grupo social:

> ... A informação semântica organiza o homem, ao ser assimilada, tornando-se conhecimento, modifica seu estoque mental de saber, levando-o a uma condição melhor na sociedade onde está inserido. A ação social maior é fazer a luz brilhar para cada ser humano por meio da informação como mediadora do conhecimento.

Costumo definir informação como uma espécie de mola-mestra do fenômeno que sustenta, organiza, rege e é regido pela sociedade da informação, do conhecimento e do aprendizado. Está em constante movimento e altera as estruturas do saber. Informação é percepção, um ponto de vista, uma perspectiva individual ou coletiva, que agrega valor à forma como interage com o mundo. Informação seria algo capaz de modificar estruturas cognitivas e mentais.

Em um mercado cada dia mais competitivo, organizações e instituições públicas e privadas só sobreviverão dependendo da habilidade de processar dados para transformá-los em informação que poderá gerar conhecimento para a tomada de decisões. Thomas Davenport enumera os motivos para se pensar estrategicamente a informação:

1. Os ambientes informacionais, na maioria das empresas, são um desastre.
2. Os recursos informacionais sempre podem ser alocados da melhor forma.
3. As estratégias de informação ajudam as empresas a se adaptar às mudanças e auxiliam na recuperação da informação relevante e prioritária.

Justamente para evitar surpresas indesejáveis por parte da concorrência, as organizações precisam gerenciar estrategicamente a informação, criando um elo positivo de feedback, ou seja, um retorno no que se refere à informação entre os clientes e as empresas.[4]

Na Economia da Informação, as empresas já deixaram de ser um local em que se produz para se transformar em locais em que se pensa. O componente intelectual aumentou e o físico diminuiu. Hoje, os produtos detêm menos material e mais ciência e tecnologia. Quanto maior for a concorrência, maior a necessidade de se buscarem diferenciais competitivos; na realidade, quem não possui vantagem competitiva não consegue mais competir.[5]

O pesquisador e professor Georgyi Frantsevitch Gause, da Universidade de Moscou, conhecido como "pai da biologia matemática", publicou, em 1934, o resultado de um conjunto de experiências denominado Princípio da Exclusão Competitiva. O Princípio de Gause diz respeito ao processo de competição interespecífica que ocorre quando duas espécies diferentes habitam o mesmo ambiente e têm nichos muito semelhantes. Assim, duas espécies não podem ocupar um mesmo nicho por muito tempo: uma delas sempre prevalecerá, pois é a mais adaptada àquele hábitat. Pelo Princípio da Exclusão Competitiva, as organizações que disputam o mesmo mercado tendem a se aniquilar, enquanto as que conseguem se diferenciar sobrevivem, por mais turbulento e competitivo que seja o cenário.

A Figura 3.1 a seguir ilustra, com um modelo do final da década de 1960, mas que ainda se mostra bastante atual, a dificuldade de se recuperar a informação relevante. No universo informacional das organizações, o gestor é capaz de reaver, de fato, apenas uma pequena parte da informação necessária para a tomada de decisão.

A questão da informação está intimamente associada ao processo de tomada de decisão nas organizações. Como não existe resposta certa para pergunta errada, acreditamos que, sem boas informações, é impossível tomar boas decisões. Esse é um ponto central quando se analisa a transferência da informação para o conhecimento, com o objetivo de alcançar a inteligência organizacional.

FIGURA 3.1 – INFORMAÇÃO E TOMADA DE DECISÃO

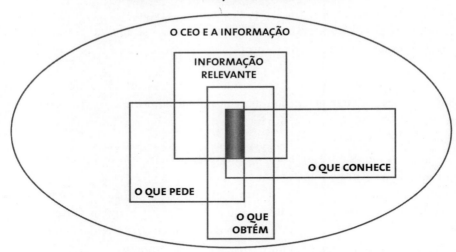

Fonte: Starec, 2003. Adaptado de Aguillar, Joseph Francis. *Scanning the Business*. Nova York: Macmillan, 1967.

3.2 // A QUESTÃO DA TRANSFERÊNCIA DE INFORMAÇÃO PARA CONHECIMENTO

Não seremos limitados pela informação que temos.
Seremos limitados por nossa habilidade de processar essa informação...

– Peter Drucker
Administrando em tempos de grandes mudanças, 2002

Na sociedade da informação e do conhecimento, alicerçada e alavancada pelas inovações tecnológicas, além do processamento cada vez mais ágil de quantidades também cada vez maiores de informação, ocorre a comunicação em tempo real. Fronteiras são eliminadas, possibilitando o acesso às informações cada vez mais rápido e mais amplo. Os sistemas de informação agora são potencializados pelo uso de computadores cada vez mais potentes e velozes.

Quando se trata de mudanças, tecnologias que influenciam as organizações, a capacidade de gerar e utilizar conhecimento e foco em resultado, os conceitos de informação e de conhecimento vêm à tona, embora nem sempre haja consciência pragmática desse fato. A informação surge como insumo básico do conhecimento, o qual possibilita atuar em ambiente instável, mantendo-se a criatividade e a capacidade de inovação das organizações para gerar mais resultados.

Peter Drucker afirma que ninguém poderia prever que o maior impacto da revolução da informação sobre os negócios seria uma reestruturação radical do mais antigo dos sistemas de informação – o modelo contábil de "contadores de feijões". Hoje, a visão é totalmente diferenciada. Importante é ter em mente "[...] a emergência da informação como principal recurso do executivo e como esqueleto da organização".

Uma organização pode e deve ser vista como mais que um complexo conjunto de bens e serviços. É também uma sociedade humana e, como todas as sociedades, desenvolve formas específicas de cultura – as "empresariais". Toda empresa tem uma linguagem própria, a própria versão de sua história. Para se manter viva, deve recriar-se a cada instante. Neste momento, a Era da Informação dá lugar à Era da Inovação.

No panorama apresentado, recriar a organização requer como fatores fundamentais: (1) uma política de informação que organize as demandas e os estoques de informação e promova a integração com o conhecimento, reunindo tudo o que sempre esteve disperso nas organizações (estoques de informação); (2) atualização constante; (3) facilidade de acesso (por meio de fluxo contínuo da comunicação da informação em todos os níveis organizacionais); e (4) uso da informação (e não apenas o acesso a ela).

Além disso, para que a informação esteja disponível, para que flua naturalmente, é necessário contar com uma cultura organizacional que valorize seu compartilhamento, e não o armazenamento e controle, como é o mais comum, proporcionando também um ambiente favorável ao aprendizado.

Aprender pode ter vários significados, como:

- domínio de um conhecimento específico;
- capacidade de fazer um julgamento crítico de determinado campo ou disciplina;
- mudança no modelo mental que ocorre em resposta a uma exigência de ação;
- alteração de uma estrutura cognitiva ou mapa mental existente;
- capacidade humana de saber para fazer melhor;
- condição de sobrevivência em um mundo altamente competitivo por natureza; e
- salto da imaginação criadora.

Aprender envolve atitude e comportamentos, ação e submissão. O autor Kevin McGarry afirma que "[...] qualquer tipo de aprendizado, não importa quão primitivo seja, está relacionado à mudança. Sem mudança, não há aprendizado".

Quando se trata da criação do conhecimento nas empresas japonesas, vai-se além do aprendizado. A criação do conhecimento implica três atitudes:

1ª Considera a importância do aprendizado tanto com base na experiência direta quanto por tentativa e erro; a crença de que o aprendizado não se limita aos muros da escola.

2ª Leva em conta o novo enfoque da inovação não só como uma reunião de dados e informações, mas também como um processo individual de autorrenovação organizacional e pessoal (que envolve ideias e ideais).

3ª Considera a quebra de paradigmas. Para que a cultura japonesa possa ser assimilada, há necessidade de se deixar de lado a antiga forma de pensar em conhecimento adquirido, transmitido e treinado por meio de manuais, livros e conferências. Trata-se de olhar o conhecimento como oriundo da subjetividade, das intuições, dos *insights*.

No mundo dos negócios, o desafio é justamente o de criar um ambiente em que as pessoas possam manter sua imaginação vívida e intuitiva, com condições de desenvolver, ao máximo, sua criatividade. Focar resultados significa gerir esse novo ambiente organizacional, de tal forma que as informações fluam, o conhecimento possa ser adquirido, em primeiro lugar, e, em segundo lugar, que as organizações tenham condições não só de sobreviver, mas também de alcançar sucesso no mundo dos negócios.

É importante trazer para essa discussão algumas definições sobre alguns dos conceitos centrais deste livro:

Sociedade da informação é aquela em que as pessoas interagem com tecnologia como parte importante da vida e da organização social, a fim de intercambiar informações em escala global. É uma sociedade influenciada por mudanças que ocorrem nos setores de Informação, Comunicação e Tecnologia e impactam todos os demais setores da sociedade.

É uma sociedade em que a vida econômica e social depende de informação e de TICs de forma crítica. É integrada por complexas redes de comunicação, que produzem e fazem o intercâmbio de dados e informações em tempo real. Resumindo: é uma sociedade em que as atividades políticas, econômicas, sociais, culturais e ambientais são predominantemente marcadas pela criação e pelo intercâmbio de informações.

Sociedade do conhecimento, por sua vez, é aquela que permite que a economia se baseie na informação e no conhecimento, com melhores oportunidades de emprego e maior coesão social. Tem como patrimônios mais importantes:

- ativos intangíveis;
- capital humano, capital de informação e capital da organização; e

* "seu valor existe apenas no contexto da organização e tem de ser vinculado à estratégia organizacional e a todos os outros intangíveis e tangíveis que a organização possui." (Kaplan e Norton)

Sociedade do aprendizado é aquela em que aprender constitui não apenas uma exigência social crescente – que conduz ao seguinte paradoxo: cada vez se aprende mais e cada vez se fracassa mais na tentativa de aprender –, como também uma via indispensável para o desenvolvimento pessoal, cultural e até mesmo econômico dos cidadãos. Nunca houve tantas pessoas aprendendo tanto ao mesmo tempo como em nossa sociedade atual.

Uma das metas essenciais da educação, para atender às exigências dessa nova sociedade do aprendizado, seria, portanto, fomentar nas pessoas outras competências interpessoais, afetivas, culturais e sociais. A nova cultura da aprendizagem requer, no mínimo, oito competências, amplamente estudadas pela Inteligência Competitiva, a serem detalhadas no Capítulo 4, para:

* identificar as necessidades de informação;
* adquirir ou recuperar a informação;
* interpretar a informação;
* analisar a informação;
* compreender a informação;
* comunicar a informação;
* usar a informação; e
* avaliar as decisões tomadas para buscar alternativas.

Este capítulo se insere no cerne dessa discussão, em virtude de um dos maiores desafios enfrentados pela sociedade da informação, do conhecimento e do aprendizado ser justamente a necessidade de se medir e avaliar a gestão da informação, bem como seus efeitos na aprendizagem do trabalhador, a fim de melhorar o processo de tomada de decisão nas organizações.

O mundo dos negócios utiliza a informação como matéria-prima; por isso, também é necessário buscar algumas definições para a informação, pois se trata de um termo com muitas e divergentes definições. Estima-se haver mais de quatrocentas definições em diferentes campos e culturas.[6]

A palavra "informação" vem do latim *informatio*, o que lembra uma representação, um esboço, e de *informare*, que significa dar forma, pôr em ordem. No contexto da Ciência da Informação, que tem a informação como objeto de estudo primário, vários autores se dedicaram a buscar definições e a construir conceitos sobre o tema. G. Wersig argumenta que "informação é o conhecimento em ação; seria produzida para reduzir as incertezas". No mundo dos negócios, a redução de incerteza é um dos pontos que precisam ser avaliados com maior cuidado, pois impacta diretamente o processo de tomada de decisão.

No artigo "Traçados e limites da Ciência da Informação", de Pinheiro & Loureiro, com base na tese de doutorado de Pinheiro, encontra-se uma síntese da análise de especialistas sobre o termo informação em diferentes áreas. Para essa pesquisa, reproduzem-se aqui duas dessas dimensões: a informação como um fato, um estímulo recebido por meio dos sentidos, e sempre uma unidade de pensamento. A definição do filósofo David McKay, "recebemos informação se o que conhecemos é alterado", aproxima-se da conceituação do autor e professor N.J. Belkin, que argumenta que a informação é tudo aquilo que é capaz de modificar estruturas. Belkin conclui que "informação é a matéria-prima da qual deriva conhecimento, assim como dados são a matéria-prima da qual se estruturam ou baseiam-se informações".

Sem dúvida, trata-se de questão da informação relevante e prioritária quando buscamos a redução de incertezas sobre determinado "estado de coisas" por meio de uma mensagem, ou seja, quando se busca certo conhecimento, uma comunicação, um informe, uma interação a respeito de algo que agregue valor, a fim de ajudar no processo de tomada de decisões.

Por essa razão, antes de abordarmos a questão da informação estratégica, é preciso definir ou, melhor, contextualizar as diferenças entre dados, informação, conhecimento e inteligência. A Figura 3.2 permite uma clara dimensão da produção de informação na sociedade do conhecimento.

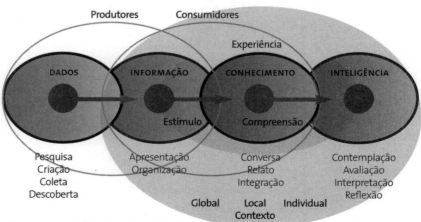

FIGURA 3.2 – DADOS, INFORMAÇÃO E CONHECIMENTO

Fonte: Starec, 2009. Adaptado de Nathan Shedroff.

Thomas Davenport afirma que dados seriam: *"... observações sobre o estado do mundo. Fatos brutos ou entidades quantificáveis. Da perspectiva do melhor gerenciamento da informação, é fácil capturar, comunicar e armazenar os dados".*

A informação, ao contrário dos dados, exige análise e poderia, segundo o autor, ser classificada como *"dados dotados de relevância e propósito"*. Outra característica da informação: é muito mais difícil transferi-la com absoluta fidelidade. A imagem utilizada por Davenport é a brincadeira infantil do telefone sem fio ou, no âmbito empresarial, os boatos e rumores da rádio-corredor. Esse ponto será abordado na seção "As barreiras na comunicação da informação", a seguir.

Aldo Barreto enfatiza que o conhecimento está associado à assimilação da informação pelo indivíduo, por se tratar de um processo mental impossível de se gerenciar, embora seja possível compartilhá-lo pela convivência:

> ... conhecimento é uma alteração provocada no estado cognitivo do indivíduo. É organizado em estruturas mentais, por meio das quais o sujeito assimila o meio. Conhecer é um ato de interpretação, uma assimilação da informação pelas estruturas mentais do sujeito que percebe o meio. A produção ou geração de conhecimento é uma reconstrução das estruturas mentais do indivíduo através de sua competência cognitiva, ou seja, uma modificação em seu estoque mental de saber acumulado. Em nossa argumentação, conhecimento é um processo, um fluxo de informação que se potencializa. Assim, o fluxo de conhecimento se completa ou se realiza, com a assimilação da informação pelo receptor como um destino final do acontecimento do fenômeno da informação.[7]

Já para o professor e consultor de empresas Ikujiro Nonaka,[8] o conhecimento, muitas vezes, é tácito, existe simbolicamente na mente humana e é difícil explicitá-lo. O conhecimento pode ser incorporado em máquinas, mas seria de difícil categorização e localização.

No último estágio da Figura 3.2, deveríamos encontrar a inteligência, que seria o conhecimento em ação. Nesse ponto, levanta-se a questão de como a informação é vital nos dias de hoje, seja para reduzir incertezas no meio do caos documentário e da explosão informacional, seja, mesmo, para servir como matéria-prima, a fim de minimizar os riscos do processo de tomada de decisão nas empresas, nas organizações, nas instituições, nos governos e nas sociedades.

Hoje, um dos maiores problemas enfrentados pelos administradores consiste em lidar com o excesso de informação, usar as fontes de informação tácita ou informal de maneira eficaz e como priorizar o fluxo da informação, em busca de relevância,[9] em uma organização que precisa aprender a cada momento. Mais especificamente, como a informação pode ser estratégica em uma organização, seja pública, seja privada?

O século XXI desponta com vários desafios: o primeiro é a velocidade – o tempo passou a ser fator decisivo em qualquer relação; o segundo, a informação – estar atualizado agora é questão de sobrevivência; o terceiro, o relacionamento – uma rede poderosa que move as relações em países latinos como o Brasil; e, por último, a educação continuada, o verdadeiro nome do jogo. A educação precisa ter validade não imposta por normas, regras ou rótulos, mas pela necessidade de cada um de estar afinado com o tom do ambiente competitivo.

A Associação Brasileira de Educação Corporativa (Abec) é uma instituição sem fins lucrativos que tem por missão promover o desenvolvimento das práticas de educação corporativa nas organizações, contribuindo para o crescimento de profissionais, empresas e sociedade. Entre os vários objetivos da Abec está o de fortalecer o papel estratégico da educação corporativa, integrando as organizações, a fim de criar oportunidades de desenvolvimento profissional para o trabalhador e estimular a profissionalização. A Abec tem como fundadoras empresas do porte da Petrobras e da Vale, que estão no escopo desta pesquisa que pretende investigar como a educação corporativa alavanca o desenvolvimento da indústria brasileira.

Há alguns anos, as empresas perceberam que os programas de capacitação e desenvolvimento de competências com mais potencial de retorno são aqueles voltados ao negócio da organização. Os investimentos em educação corporativa no Brasil aumentam exponencialmente a percepção dos benefícios dessas redes de ensino, como já discutido no Capítulo 1.

Em um mercado cada vez mais disputado, como argumentamos na Introdução deste livro, preço e qualidade já deixaram de ser diferenciais competitivos. A competitividade exige, hoje, acesso imediato a informações relevantes que auxiliem a tomada de decisão; além disso, estimulam-se a capacitação permanente e a integração efetiva dos recursos humanos, de informação, por meio dos diversos canais de comunicação disponíveis. Outros pontos bastante valorizados são: políticas de redução de custos e eliminação de duplicidade dos esforços de coleta, organização, armazenamento, intercâmbio e utilização das informações produzidas pelas organizações. Pode-se afirmar que a educação corporativa está na agenda de todas as empresas voltadas para aumentar a produtividade.

Bill Gates, em seu livro *A empresa na velocidade do pensamento* (Companhia das Letras, 1999), alerta que a melhor maneira de diferenciar sua empresa da concorrência é fazer um bom trabalho com a informação. O "pai do Windows" ainda dá a receita: "A forma como se coleta, gerencia e usa a informação é determinante para você ganhar ou perder. O fluxo de informação é o sangue de sua empresa, porque permite fazer o máximo com seu pessoal e aprender com seus clientes."

Apesar do crescimento acelerado das universidades corporativas no Brasil, ainda não há consenso entre as empresas sobre uma metodologia voltada para mensurar o resultado dos investimentos em educação. Esse é o foco da pesquisa: analisar as universidades corporativas como sistemas de informação estratégicos das organizações.

3.3 // A OBSOLESCÊNCIA DO CONHECIMENTO

> *Antes de começar qualquer tarefa, temos de aprender a fazer a pergunta: "De que tipo de informação necessito, sob que forma e quando?"*
>
> – PETER DRUCKER
> *GESTÃO DO CONHECIMENTO*, 2001

Foi justamente Peter Drucker quem popularizou o termo "trabalhador do conhecimento". Na década de 1960, o autor já chamava a atenção para o novo perfil do trabalhador em uma sociedade que começava a mudar rapidamente. O modelo fordista de produção, com base na economia de escala, perdia espaço para a economia de serviço. Peter Drucker[10] previu também "o advento da nova organização" e que, por volta de 2020, a grande empresa apresentará poucas semelhanças com a empresa industrial típica. Ao contrário, vislumbrava que seria mais provável que venha a se assemelhar a organizações como hospitais, orquestras sinfônicas e universidades.

Foi também nessa época que surgiu uma das primeiras universidades corporativas, quando a General Electric lançou Crotonville. Mas a origem da universidade corporativa é ainda mais remota. Segundo as autoras Lucie Morin e Stéphane Renaud, data de 1920, quando a General Motors incorporou uma escola noturna, a fim de treinar trabalhadores para a indústria automobilística. O General Motors Institute (GMI), durante 56 anos, ajudou a transformar a GM na maior montadora do planeta. Em 1982, o GMI se transformou em escola independente e, em 1997, passou a ser conhecido como Kettering University.[11]

Nesses quase 90 anos de existência, as universidades corporativas cresceram e se multiplicaram. Hoje, estima-se que mais de 2 mil empresas nos Estados Unidos criaram os próprios programas de capacitação e qualificação profissional, pois perceberam a rápida obsolescência no prazo de validade do conhecimento e decidiram "obter controle mais rígido sobre o processo de aprendizagem", apresenta J.C. Meister.

Em um ambiente de negócios em constante mutação, as corporações, mesmo as pequenas e médias empresas, precisam manter seus colaboradores bem preparados, ou seja, capacitados para enfrentar cenários de altíssima competitividade. O objetivo desses laboratórios de aprendizagem corporativa não é formar acadêmicos, mas, sim, capacitar as "mentes de obra" das organizações, por intermédio da filosofia de aprender a aprender e a aprender a fazer.

Não há empresa sustentavelmente competitiva sem educação. Assim como a educação é básica para o desenvolvimento sustentável de qualquer nação, a educação corporativa é um instrumento necessário a toda empresa que busca diferenciar-se e sobreviver em um mercado cada dia mais competitivo. Além de estimular o desenvolvimento profissional do colaborador, a educação corporativa torna-se um diferencial, em virtude de aumentar o nível de aprendizado, capacitação, atualização e o conhecimento de ponta dentro da organização.

O crescimento das universidades corporativas no Brasil e no mundo sugere que, para as organizações, é questão de sobrevivência investir na capacitação de seus colaboradores. E os investimentos aumentam de forma exponencial a percepção, por parte das empresas, dos benefícios quanto à competitividade desse novo conceito de pedagogia empresarial: organizações educadoras. As empresas criaram até mesmo uma medida para calcular o volume de treinamento por período: Homem-Hora Treinado (HHT).

Outro ponto que merece atenção é se o conhecimento também se torna obsoleto. Se a resposta for positiva, como podemos repensar os programas de capacitação e formação profissional para estar em constante sintonia com as demandas do mercado?

Ao analisar o tempo no contexto do trabalho, é necessário incluir o conceito de obsolescência, termo relacionado à administração e à economia, que traz o sentido de vida útil, de valor de um bem, por conta do surgimento de um modelo tecnologicamente superior, em determinado tempo.[12]

A obsolescência mostra que podem ocorrer variações radicais em um espaço de tempo de curto prazo, dependendo do olhar e dos interesses do indivíduo e de seu meio. Segundo esse ciclo de vida, em alguns casos, o valor da informação pode ser "eterno", isto é, será tão valiosa amanhã quanto hoje; em outros casos, seu valor pode deixar de existir quase instantaneamente, quando determinados eventos ocorrem. Isso sem mencionar que um dos recursos mais escassos nas organizações é o tempo de que os gestores dispõem para lidar exatamente com as informações.

Em seu livro, *Educação corporativa* (Makron, 1999), J.C. Meister traz o depoimento interessante de um executivo da Ford Motor Company. Louis Roos, diretor técnico da empresa, declarou a um grupo de estudantes de engenharia que, na carreira deles, o conhecimento seria como um litro de leite, com prazo de validade impresso na embalagem. Esse argumento também ecoa na área acadêmica. Diversas universidades na Europa estão reduzindo a carga horária do curso de Engenharia para pouco mais de 2.500 horas/aula, que seriam ministradas em três anos, quase a metade do tempo para a formação de um engenheiro aqui no Brasil.

A discussão não é apenas sobre o tempo de formação de um profissional, mas se o conteúdo, o aprendizado, não estará obsoleto depois de cinco anos de estudo na instituição de ensino superior. A ditadura do tempo, ainda presa ao paradigma da educação do século passado, traz essa armadilha para a própria sociedade. Anos e mais anos de estudo nas salas de aula serão a garantia de um profissional atualizado ou esse fenômeno traz o efeito contrário? O profissional já sairia da faculdade desatualizado.

Para "sobreviver" à tsunami tecnológica, não são poucos, aqui no Brasil, aqueles que acreditam que, depois de cinco anos estudando em uma universidade, um engenheiro já sai desatualizado. E a mesma máxima valeria para médicos, advogados, jornalistas, entre outros profissionais. O problema reside na própria dinâmica acadêmica da educação superior, que, muitas vezes, não consegue acompanhar as exigências do mercado de trabalho.

Executivos de grandes empresas como Microsoft, Google, General Electric, Nokia, que estão entre as marcas mais valiosas do mundo, segundo o ranking da Interbrand,[13] acreditam que o prazo de validade de conhecimento em suas empresas já corresponda a menos de um ano. Especialistas estimam que mais de 75% do faturamento da Sun Microsystems, empresa que fatura mais de US$ 8 bilhões na Califórnia, são gerados por produtos que foram lançados há menos de dois anos. Uma pesquisa recém-publicada pela revista *Exame* revelou que, na área de Telecomunicações, as inovações só têm garantidos, em média, seis meses, antes que seus concorrentes lancem produtos ou serviços similares.

Esses dados levam as empresas a investirem pesado em pesquisa e desenvolvimento, na tentativa de se manter pelo menos um tempo à frente dos concorrentes. Entender esse processo passou a ser uma das maiores metas das organizações. Quanto maior for a competitividade do setor, maior será o investimento em busca por conhecimento. A Embratel, uma das maiores empresas de telecomunicações do Brasil, prepara-se para entrar na Era das Redes Convergentes – voz, dados e imagem reunidos em uma única rede. Um salto qualitativo e tecnológico. O consultor de Recursos Humanos da Embratel, Ronaldo Madruga Luzes, em entrevista concedida, declara acreditar que, em decorrência dessas novas TICs, o conhecimento se torne obsoleto a cada três meses. "Essa é a razão para buscarmos um novo modelo de gestão com base no conhecimento", conclui.

Uma empresa que já entrou na nova era é a 3M, que tem sido considerada uma das mais inovadoras do mundo. Com base em uma filosofia de incentivo à introdução de novas ideias por colaboradores em todos os níveis, bem representada pelo slogan "*We are forever new*", a empresa pode se orgulhar da "incrível" marca de 50 mil novos produtos lançados ao longo de sua história.[14]

O mercado comprou a ideia, e os profissionais tiveram de correr em busca dessa nova exigência: empregabilidade, que, no dicionário corporativo, significa a qualidade, quanto a habilidades e competências, para estar ou continuar empregável. A educação corporativa surgiu para ajudar a resolver a questão da capacitação, da especialização e, em muitos casos, até da formação dos profissionais. Não é para menos: enquanto nos Estados Unidos 85% dos jovens entre 18 e 24 anos estão na universidade, no Brasil, o índice, de acordo com dados do próprio MEC,[15] é um dos mais baixos entre os países da América Latina.

O fato é que, principalmente com o avanço das novas TICs, a vida parece materializar-se na velocidade do som. Até o século passado, um medicamento levava trinta anos para sair dos laboratórios de pesquisa e chegar ao consumidor. Hoje uma inovação é patenteada a cada trinta segundos nos Estados Unidos. Nosso poeta Cazuza foi enfático: "O tempo não para; não para não." O sobe e desce, e desaparece, de empresas e organizações se tornaram corriqueiros. Casos de sucesso envolvendo administrações modernas e momentos mágicos podem ser lidos, analisados e estudados como casos de fracassos estrondosos já no ano seguinte ou mesmo no próximo trimestre.

Das 500 maiores empresas na lista da revista *Exame* de 1975, apenas 52% ou 261 empresas ainda constavam da mesma lista em 1985. Vinte anos depois, em 1995, apenas 32% ou 162 empresas estavam lá.[16] No mundo todo, não é diferente, das 500 maiores listadas pela *Fortune* na década de 1970, 411 fecharam ou foram vendidas. E como fica o conhecimento a respeito das melhores práticas de hoje sobre as quais amanhã ninguém quer mais ouvir falar?

3.4 // O MAPA INFORMACIONAL

Um método milenar que permite mapear a informação em qualquer ambiente é a denominada Mandala Tântrica Tibetana, usada pelo químico francês Paul Caro no livro *A roda das ciências* (Lisboa: Instituto Piaget, 1996). É importante salientar que a Mandala da Divulgação Científica é tão somente uma adaptação daquela mandala, sob um viés da informação corporativa, a fim de nos fornecer uma visão holística do fluxo de informação nas empresas em todas as áreas, das forças, das barreiras e dos inibidores desse fluxo por meio de um único diagrama que tenha a vantagem de ser captado em um só lance de olhar.[17]

Paul Caro[18] define uma mandala como uma figura geométrica formada por quadrados e círculos que se desdobram de um centro para uma periferia, em uma disposição concêntrica que explora também a simbologia do número por meio de uma divisão em quatro setores. Segundo ele, é possível entender uma mandala como uma espécie de carta geográfica, um plano de cidade ou um esquema de fortaleza, no qual se reconheceriam um norte, um sul, um leste e um oeste. É importante ressaltar que esse "mapa espacial ou holístico" deve ser observado e entendido como um modelo aberto e dinâmico, uma poderosa metáfora usada para nos ajudar a formar uma nova dimensão organizacional da informação.

A MANDALA DA INFORMAÇÃO CORPORATIVA

Com base no trabalho de Paul Caro, realizou-se um exercício prático para verificar se era possível adaptar ou construir uma Mandala da Informação Corporativa que seria aberta em uma organização que precisa aprender. Dado que as mudanças vão e vêm a galope, a questão da informação não deve ser encarada de forma estanque, fixa ou imutável; muito pelo contrário.

O CENTRO

O centro da Mandala da Informação reflete o maior objetivo da sociedade da informação, do conhecimento e do aprendizado, que é a busca por informação relevante e otimizada para a tomada de decisão. Como mostra a Figura 3.3, esse é o foco, a mira, o maior desafio encontrado atualmente em uma organização empresarial, que, além da preocupação com a redução de custos e o aumento da rentabilidade, deve direcionar seus esforços para a formação de recursos humanos, a fim de satisfazer seus clientes. A informação é a base de todo o processo organizacional.

AS ÁREAS

A mandala é dividida em quatro grandes áreas geradoras e difusoras de informação: acadêmica, administração, comunicação e mercado de trabalho. É importante registrar que esse é um modelo aberto, experimental, que pode ser reinventado para adaptá-lo à realidade de cada organização.

FIGURA 3.3 – A MANDALA DA INFORMAÇÃO CORPORATIVA

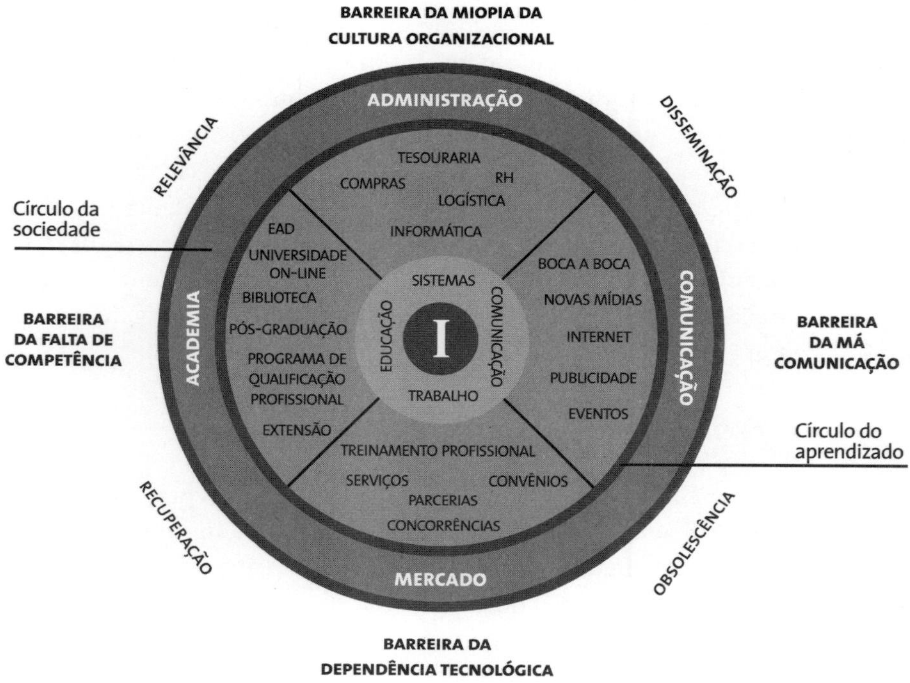

Fonte: Starec, 2009.

Acadêmica

O *core business*, a competência essencial, a razão da existência de qualquer organização, tudo isso passou a ser o aprendizado contínuo. Essa é uma das áreas mais importantes, pois abrange a necessidade organizacional de aprender a cada instante para se recriar, reinventar-se, em razão das novas dinâmicas de um mercado a cada dia mais competitivo e incerto.

Um bom exemplo para se entender as mudanças nessa grande área é o ciclo PDCA (do inglês: *Plan, Do, Check* e *Act*), uma das ferramentas gerenciais mais utilizadas nas organizações. O PDCA foi idealizado pelo estatístico americano Walter A. Shewhart, em meados da década de 1920. Shewhart definia o "método de melhorias" como um ciclo de controle estatístico do processo organizacional.

O método tornou-se popular na década de 1950 pelo estatístico, professor e autor americano W. Edwards Deming, por meio de suas experiências no Japão. O início do ciclo PDCA ocorre pelo diagnóstico da situação. Os dados coletados são analisados e utilizados na formulação de um plano de melhoria. Assim que este é finalizado, passa-se à sua implantação. Logo após, verifica-se o melhoramento previsto. O PDCA é um ciclo de análise e melhoria dos processos organizacionais, voltado à eficácia do trabalho.

O ciclo PDCA é composto das seguintes etapas:

1. *Plan* (planejamento): estabelecer missão, visão, objetivos (metas), procedimentos e processos (metodologias) necessários para atingir os resultados.
2. *Do* (execução): realizar, executar as atividades.
3. *Check* (verificação): monitorar e avaliar periodicamente os resultados, avaliar processos e resultados, confrontando-os com planejamento, objetivos, especificações e estado desejado, consolidando informações e, eventualmente, confeccionando relatórios.
4. *Act* (ação): agir de acordo com o avaliado e os relatórios; eventualmente, determinar e confeccionar novos planos de ação, a fim de melhorar qualidade, eficiência e eficácia, aprimorando a execução e corrigindo eventuais falhas.

Na visão mais atual da Gestão da Qualidade, o PDCA está evoluindo rapidamente para se transformar no PDCL. No lugar de *Act* (ação), estaria o *Learning* (aprendizado), que teria como escopo o aprendizado contínuo, a pesquisa e o desenvolvimento, bem como a inovação, como focos principais de atuação.

FIGURA 3.4 – O NOVO CICLO PDCL

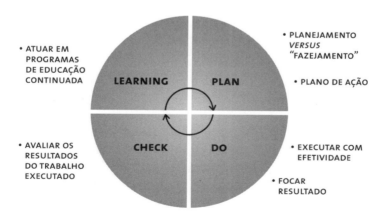

Fonte: Starec, 2009. Adaptado do ciclo PDCA.

Esse é só um exemplo de como o aprendizado se tornou a chave para deixar as organizações mais competitivas, mais receptivas à mudança; um local destinado a que as pessoas cresçam e se desenvolvam profissionalmente.

Administração

A área administrativa pode não ser a atividade-fim, mas é uma área-chave em qualquer organização. Por ela, circulam TICs, recursos humanos, compras, telemarketing, operações, a logística e todos os setores administrativos, hoje denominados serviços compartilhados. Os funcionários dispõem de informações que podem ser relevantes para a tomada de decisão, mas ainda não se adotou nenhum critério para recuperar essas informações, tampouco qualquer estímulo para que eles participem do processo decisório.

Comunicação

A comunicação é uma via de mão dupla, pois é a área responsável por levar e trazer as mensagens da organização para o mercado, a comunidade, a imprensa, os concorrentes, o governo e a sociedade. A comunicação é o mecanismo básico por meio do qual se constroem ou se destroem relações. Ela é mais que uma simples forma de contato, ligação, transmissão de ideias, valores ou aspirações.

Essa área engloba comunicação interna e externa, divulgação, publicidade, canais de atendimento ao cliente, internet, intranet, extranet (liga a empresa a outras organizações parceiras) e marketing. O maior desafio de qualquer organização é trabalhar o processo de comunicação de forma integrada, a fim de divulgar as ações e as mensagens por um ou mais canais entre a empresa e seus *stakeholders* (influenciadores ou partes interessadas). Na prática, comunica-se demais e se informa de menos sobre o que ocorre na empresa. Das 33 práticas educativas abordadas na pesquisa que deu origem a este livro, em todas ficou evidente algum tipo de problema de comunicação.

Essa comunicação corporativa chega ao público-alvo por intermédio de um formato híbrido que inclui: propaganda e publicidade institucional; cartazes, *folders*, *flyers* e *banners*;[19] internamente, nos jornais murais (que se situam em locais de fácil acesso, como corredores, elevadores e até banheiros), Serviço de Atendimento ao Cliente (SAC); pelo site da empresa, pela propaganda boca a boca e até pelos boletos bancários ou carnês de pagamento, que podem levar mensagens. O maior desafio da área de Comunicação é justamente trabalhar sua qualidade, tornar comuns mensagens e informes institucionais, evitando, assim, eventuais ruídos. Isso porque, no dia a dia organizacional, qualquer ação sem a devida explicação gera ruído na comunicação.

Mercado de trabalho

Uma grande área geradora de informação é o mercado (ambiente de negócios). Na realidade, esse é o objetivo máximo de qualquer organização. No termo ambiente, incluem-se mercado competitivo, concorrência, fornecedores, clientes, competidores, novos entrantes, produtos substitutos e normatizações ou regulamentações específicas de cada área de atuação.

OS CÍRCULOS

As áreas da informação universitária são circundadas por dois grandes círculos: o mais externo é o círculo da sociedade, das políticas econômicas e governamentais, que refletem as informações passadas pela sociedade como um todo ou repassadas a ela; e o segundo é o da recuperação da informação e do aprendizado contínuo. Este funciona como uma espécie de filtro para tudo que chega e que sai, no que diz respeito à informação da organização.

AS BARREIRAS NA COMUNICAÇÃO DA INFORMAÇÃO

As barreiras são problemas estruturais ou organizacionais que dificultam ou mesmo impedem o fluxo de informação. É importante salientar que essas barreiras não são estáticas ou fixas. Na verdade, são dinâmicas, móveis e perpassam todas as áreas da mandala, podendo ser encontradas separadas ou juntas, de forma simultânea.

MÁ COMUNICAÇÃO

A primeira das barreiras é a da má comunicação. É importante registrar que o problema não é a falta comunicação nas organizações, e sim má comunicação. Acredita-se que a comunicação se confunda com a própria vida, o ato de comunicar (do latim *comunicare*, tornar comum) passa a ser uma necessidade básica do homem e das empresas como regra geral, por ligar as equipes funcionais, os valores, os objetivos e as estratégias com a cultura organizacional.

No livro *O corpo fala* (Vozes, 1986), os autores Pierre Weil e Roland Tompakow[20] argumentam que é impossível não se comunicar. Eles alertam para o fato de que o homem se comunica o tempo todo, principalmente por meio da comunicação não verbal, que seria responsável por mais de 90% da comunicação interpessoal. O processo seria formado por três momentos: o que você diz, ou seja, as palavras correspondem a 7% do impacto que você causa; como diz, a maneira como fala

– seu tom de voz e a inflexão causam 38% de impacto; os 55% do impacto restantes estão ligados à postura comunicacional, ou seja, o corpo fala. Se isso vale para pessoas, acredita-se que também valha para as organizações.

Um fator importante é a deficiência encontrada pelas empresas em se comunicar internamente. A má comunicação interna é apontada como uma das principais falhas das organizações. O maior problema é que, quando a comunicação não funciona, a primeira vítima é o comprometimento do empregado, afinal, como ele pode "vestir a camisa" de uma organização e ajudá-la a alcançar suas metas e objetivos sem saber aonde quer chegar? Três pesquisas reforçam essa tese: a primeira, feita pelo Harris Interative,[21] com 23 mil empregados em tempo integral de organizações americanas, nas mais diversas áreas, constatou que:

- apenas 37% responderam entender com clareza o que sua organização está tentando atingir e por quê;
- um em cada cinco empregados estava entusiasmado com as metas de sua equipe e de sua organização;
- um em cada cinco trabalhadores afirmou ter uma visão clara entre suas tarefas e as metas de sua equipe e da organização;
- somente 10% percebiam que as organizações consideravam as pessoas responsáveis pelos resultados;
- apenas 13% diziam ter relações de intensas confiança e colaboração entre os departamentos;
- somente 15% sentiam que sua organização lhes dava os meios necessários para atingir metas importantes;
- apenas 17% sentiam que suas organizações promoviam comunicação direta, objetiva, transparente e abriam espaço para o diálogo; e
- só 20% confiavam plenamente na organização em que trabalhavam.

A consequência é que os funcionários simplesmente não entendem as estratégias das empresas. Como alcançar resultado se a equipe não sabe para onde a empresa está indo e por quê?

A segunda pesquisa feita pela sucursal brasileira da International Stress Management Association (Isma), com mais de duzentas empresas brasileiras, revelou que as consequências do processo de má comunicação nas organizações, além de afetarem o desempenho das equipes, podem causar sérios efeitos na saúde dos empregados, como revelam os gráficos a seguir:

GRÁFICO 3.1 – PESQUISA ISMA SOBRE AS CONSEQUÊNCIAS DA MÁ COMUNICAÇÃO

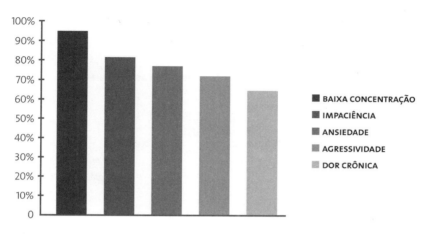

Fonte: Jornal *O Globo*. Caderno "Boa Chance", 21/1/2007.

GRÁFICO 3.2 – PESQUISA ISMA SOBRE O EFEITO DA MÁ COMUNICAÇÃO NAS EMPRESAS

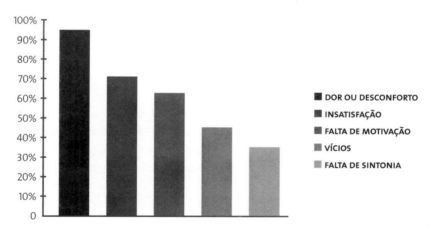

Fonte: Jornal *O Globo*. Caderno "Boa Chance", 21/1/2007.

Há tentativas de se melhorar a comunicação da informação por meio de comunicados por e-mail, implantação da intranet e reuniões periódicas com as equipes funcionais... mas esses são pouco eficazes no que se refere à melhoria na comunicação interna, possivelmente pelo modelo de comunicação *top down* (de cima para baixo), adotado pela maioria das organizações modernas. Esse tipo de comunicação não estimula o diálogo; na prática, acaba promovendo um monólogo, ao divulgar um informe do que ocorre na organização. O que se percebe é uma grande lacuna entre o que a alta gerência quer comunicar e o que o chão de fábrica precisa receber de informação, como demonstra a Figura 3.5 a seguir.

FIGURA 3.5 – O PROCESSO DE COMUNICAÇÃO NAS ORGANIZAÇÕES

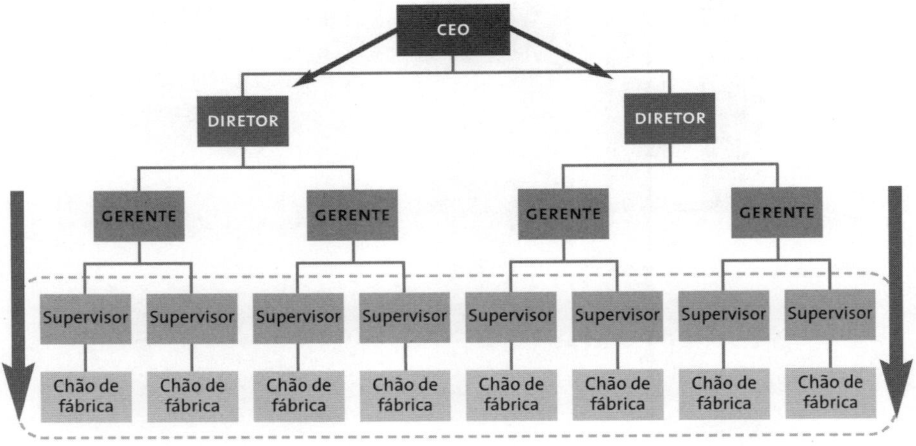

Fonte: Starec, 2009.

Na prática corporativa, o que se percebe é que o líder se comunica basicamente com seus colaboradores mais próximos e a informação raramente chega à linha de frente ou ao chão de fábrica. A falta de diálogo constante pode ser considerada um dos mais graves problemas enfrentados pelas organizações de maneira geral. A empresa só comunica o que quer, relegando as necessidades dos funcionários para segundo plano. A linguagem, que deveria ser única, muitas vezes não o é. A mensagem interna, que teria de ser clara, objetiva, coerente, exata, transparente e ter credibilidade, fica bastante prejudicada.

O próximo gráfico revela os resultados de uma terceira pesquisa realizada pela agência Reuters, com 3.500 gerentes, nos Estados Unidos.[22] A má comunicação é apontada como o segundo item que mais inibe a qualidade nas empresas. A comunicação da informação deve ser encarada como um processo que tem começo, meio e não pode ter fim. Nas palavras da versão original da música *Filosofia do samba*:[23] "Mudo é aquele que fala só com palavras; cego é aquele que só vê o que quer ver; e surdo é aquele que não ouve o que as palavras querem dizer."

GRÁFICO 3.3 – PESQUISA REUTERS SOBRE BARREIRAS À QUALIDADE ORGANIZACIONAL

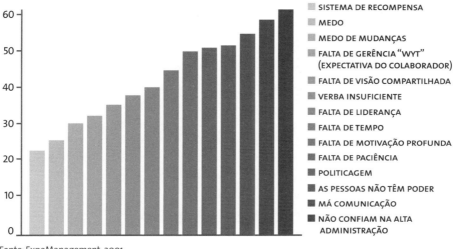

Fonte: ExpoManagement, 2001.

MIOPIA DA CULTURA ORGANIZACIONAL

A segunda barreira é a miopia da cultura organizacional. Em um mundo hipercomunicativo, o conhecimento estratégico leva a um comportamento estratégico que passa a fazer parte da cultura organizacional, essencial para a sobrevivência na Era do Conhecimento. Esse ponto parece básico, mas é o que apresenta mais complicações. Se a cultura da organização não respaldar o fluxo informacional proposto, não estimular o compartilhamento das informações, essa barreira, que representa os paradigmas organizacionais, será intransponível.

A barreira da miopia da cultura organizacional pode ser facilmente identificada por expressões como "sempre foi assim" ou "tem de ser assim porque o gestor quer dessa forma" (e o pior é que, na maioria das vezes, o gestor não queria nada do que foi pedido; na verdade, não tinha nem ideia do que era preciso).

FALTA DE COMPETÊNCIA

A barreira da falta de competência é a mais delicada e requer especial cuidado. Como já dito, acredita-se que as pessoas são o principal ativo, o recurso mais importante de qualquer organização. Como diz o sociólogo Domenico de Masi, é a mente de obra que faz a diferença.[24] Não há negócio sem pessoas. Qualquer empresa precisa, como já assinalado, lidar com a questão dos recursos humanos. Não são os objetivos nem as estratégias que devem levar as organizações aonde elas precisam ir e sim as pessoas. Se não houver comprometimento do pessoal envolvido, poucas serão as chances de se atingirem os objetivos organizacionais. Não há possibilidade de fluxo informacional sem as redes interpessoais, interdepartamentais e interdisciplinares.

Informação e conhecimento são criações humanas, e o homem não será capaz de administrá-los se não levar em conta que as pessoas desempenham papel fundamental nesse processo. Não basta ter hardware ou software; é preciso ter *peopleware*, o que, na Ecologia da Informação proposta por Thomas Davenport, seria uma espécie de administração informacional centrada no ser humano: "O ponto essencial é que essa abordagem devolve o homem ao centro do mundo da informação, banindo a tecnologia para seu devido lugar, a periferia."

A barreira da falta de competência existe também por falha nos processos de comunicação e pode ser agravada pela miopia da cultura da organização, quando esta deixa de valorizar seu pessoal. É necessário tornar claro que a barreira da falta de competência acontece, basicamente, pela necessidade de os cargos e funções se adaptarem aos recursos humanos disponíveis na organização. É a velha história da pessoa errada no lugar errado.

DEPENDÊNCIA TECNOLÓGICA

A quarta e última barreira é a da dependência tecnológica. A logística da organização tem de ser pensada para que a informação possa fluir por todos os setores envolvidos. É preciso criar uma dinâmica para que as informações circulem livremente pela organização, para que não haja concentração da informação e do conhecimento. É importante avaliar se a informação informal está posicionada no mesmo nível que a informação formal.

As TICs surgiram para facilitar, mas, por vezes, o que se percebe é que elas acabam dificultando o dia a dia nas organizações. O valor da Tecnologia da Informação (TI) depende, acima de tudo, da informação e do papel desempenhado por ela nas organizações. As TICs criam tal dependência que fica difícil trabalhar sem elas. O problema aqui é que nenhum sistema está imune a falhas e defeitos e, quando ficam fora do ar..., para muitos, torna-se impossível trabalhar. Esse fenômeno é classificado como "dependência tecnológica".

A tecnologia precisa ser encarada como uma ferramenta, um dos componentes do ambiente informacional. Nos Estados Unidos, mais de 50% do capital investido vão para a TI. O gasto norte-americano em TI, estimado em US$ 3 trilhões, foi responsável por mais de um terço do crescimento da economia dos Estados Unidos nos últimos quatro anos. Mas a informação relevante, ou seu uso, não cresceu na mesma proporção. Charles Wang,[25] Chief Executive Officer (CEO) da Computer Associates, afirma que um terço desses gastos com tecnologia – a impressionante quantia de US$ 1 trilhão, equivalente ao PIB brasileiro – acabou sendo desperdiçado por simples utilização inadequada ou falta de uso. O verdadeiro problema é supor que a tecnologia, em si, é capaz de resolver todas as dificuldades.

Um relatório[26] da Academia Nacional de Ciências dos Estados Unidos alerta para a probabilidade de que a TI reforme significativamente a pesquisa na universidade, mudando a forma de financiamento.

O relatório indica que as mudanças serão dirigidas para a internet de alta velocidade –, redes de comunicação mediadas por computadores, notebooks muito mais poderosos do que os modelos de hoje e programas chamados de agentes inteligentes, que, voltados para as necessidades de informação individualizada dos receptores, poderão, por exemplo, periódica e automaticamente, fornecer informações relevantes e prioritárias a seus usuários.

Por mais futuristas que possam parecer as conclusões desse relatório, entre muitas recomendações para a sobrevivência da pesquisa na Era da Informação, recomenda-se esforço para treinar os professores no uso da tecnologia, pois estes não estão preparados didaticamente para enfrentar a geração de estudantes *"plug-and-play"*, aqueles que dominam as novas TICs, o que seria o fim do quadro-negro, do giz e dos discursos acadêmicos, como se discutiu no Capítulo 2.

É importante salientar que as barreiras da comunicação da informação nas organizações não são estáticas, fixas. Na verdade, como esse é um modelo aberto e em constante atualização, a ideia é que cada organização tenha sua mandala. Quanto mais customizado for o mapa informacional, maiores serão as chances de se entenderem e analisarem os problemas organizacionais que afetam o fluxo de informação.

Essas quatro barreiras podem ser superadas de dois modos, segundo o professor G. Wersig:[27] no processo de socialização dos usuários e no comportamento das agências de informação, que devem criar oportunidades para a transferência efetiva da informação, seja por meio da identificação das necessidades existentes nos grupos de usuários e das fontes de informação capazes de atendê-las, seja por meio do reconhecimento da análise das barreiras existentes e das estratégias capazes de superar essas barreiras.

OS PECADOS INFORMACIONAIS

Em torno de cada uma das grandes áreas da mandala da informação, as quais estão em constante movimento, circulam os sete pecados capitais: avareza, gula, ira, inveja, luxúria, preguiça e soberba. Nessa mandala, de agora em diante, os pecados capitais ganham a denominação pecados informacionais.

A opção pelos sete pecados capitais foi facilitar a compreensão e levar a uma reflexão sobre os problemas comportamentais mais comuns enfrentados no dia a dia das organizações. Esse modelo traz o olhar específico de alguém que tem a missão e o desafio de transformar esses pecados em virtudes informacionais.

A ideia de usar essa metáfora foi debater e pensar transdisciplinarmente os problemas dentro da própria organização, os quais, geralmente, são trabalhados simultânea ou isoladamente. É importante ressaltar que os pecados devem ser encarados como questões pessoais, individuais, comportamentos ligados à intimidade de cada ser humano e de seu grupo social.

Não se pretende montar um confessionário nem propor penitências, tampouco assumir um mea-culpa sobre esses pecados informacionais. Na analogia que se faz, não se planeja começar uma discussão religiosa dos pecados, tão somente adotar um conceito mais abrangente e laico para o termo. A metáfora é chamar de "pecado" ações ou falhas processuais, de conduta, atitudes negativas, desejos exacerbados, excessos coletivos ou individuais, no sentido de serem barreiras ao fluxo de informação, nas organizações.

AVAREZA E OS "CZARES" DA INFORMAÇÃO

Avareza, do latim *avere/avaritia*, retrata o apego exagerado à matéria, aos objetos ou bens. A avareza, de acordo com a Psicanálise, pode ser vista como um traço universal do ser humano. Está intimamente ligada à cobiça, que significa a sede de possuir, de ter sempre mais. Juntas, as duas palavras conjugam o impulso de obter, conquistar, trazer para si bens de todo o tipo e a inclinação para guardá-los, preservá-los e retê-los. No que se refere à informação, é justamente essa a falha comportamental e cultural que precisamos evitar.

O principal problema, ou melhor, o maior desafio enfrentado hoje pelas organizações, pode ser resumido no seguinte pensamento de um cientista do Instituto de Tecnologia de Massachusetts (MIT – Massachusetts Institute of Technology): "... a tarefa de tornar acessível, em grande escala, um desordenado estoque de conhecimento".[28]

O pecado da avareza informacional é um pouco disso tudo. Quando um setor, departamento ou pessoa concentra as informações, independentemente do motivo, sem as repassar ou disseminando-as tarde demais, eis um grave problema que precisa ser resolvido. A questão crucial é que a informação não pode, nem deve, ser armazenada em silos informacionais ou guardada sem ser compartilhada pelos tomadores de decisão. A informação não tem de ser encarada simplesmente como poder, mas, sim, como "poder fazer".

É exatamente esse o problema do pecado da avareza informacional sob a ótica da informação: a concentração de informação nas "mãos" de determinados departamentos e/ou pessoas que não a repassam, e que abusam do poder de retê-la. A esses personagens, daremos o nome de "czares informacionais".

GULA: EXCESSO DE INFORMAÇÃO QUE GERA O CAOS INFORMACIONAL

"Um dos males desses tempos é a multiplicidade de livros; eles, de fato, nos sobrecarregam, de tal modo que não conseguimos digerir a abundância de matéria inútil que, todos os dias, é gerada e despejada no mundo."[29] Essa declaração, feita em 1613 por um autor atormentado pelo excesso de informação existente na época, reflete um dos maiores problemas enfrentados pela organização moderna: o caos informacional que dificulta a recuperação da informação relevante. Se, nos primórdios da comunicação científica, a explosão documentária era questão preocupante, hoje devemos dar atenção redobrada ao fato.

Com o surgimento da internet, estima-se que a humanidade tenha gerado nos últimos 50 anos a mesma quantidade de informação dos 5 mil anos anteriores. É possível olhar para essa estimativa não como uma verdade absoluta, mas como a tendência de que os estoques de informação crescerão cada vez mais em menos tempo.

Esse pode ser encarado como outro grande desafio de qualquer empresa: Como recuperar a informação relevante em um oceano de informações e no meio de um bando de dados?

IRA: INSATISFAÇÃO COM A FALTA DE INFORMAÇÃO CORRETA, PRECISA, EFICAZ

Em qualquer organização, nada gera maior insatisfação do que informações truncadas, erradas. A analogia que se faz é com o pecado da ira. Na verdade, esse é o sentimento daqueles que ficam sujeitos às informações equivocadas. Boa parte dos dados que chegam às organizações não pode ser transformada em informação em decorrência de uma série de fatores, como duplicidade, pouca confiabilidade, obsolescência, utilização de diferentes TICs, falta de interatividade entre os sistemas, e assim por diante.

INVEJA: PROBLEMAS COM A ÉTICA INFORMACIONAL

TICs, Sistema de Informação Gerencial, Sistema de Informação Administrativa, Sistema de Gerenciamento de Informações, Sistema de Informações para Marketing, Sistema de Relatórios de Acompanhamento Financeiro, Sistemas de Recursos Humanos, Sistema de Orçamento... São tantos e tão variados os sistemas geridos e utilizados hoje em dia que, por vezes, fica difícil até mesmo enumerá-los sem esquecer algum. Com tantos sistemas "independentes", é certo que boa parte não é nem um pouco amigável, isto é, literalmente não fala a mesma língua informacional.

E como fica a informação? Essa é a questão que subjaz o pecado da inveja. Existe materialidade por trás da informação. Esta se expressa por meio dos sistemas encarregados de recuperação, análise e difusão da informação pela organização. Além da questão da materialidade dos sistemas de informação, é preciso cuidar da ética informacional – um tema importantíssimo e tão pouco discutido nas organizações e na academia.

LUXÚRIA: PROBLEMAS NA ESTÉTICA DA COMUNICAÇÃO

A comunicação está presente em todas as relações humanas. Passou a ser encarada como divisor temporal da sociedade, como prega um dos fundadores do MIT (Massachusetts Institute of Technology), Nicholas Negroponte. É o "sistema nervoso" de qualquer grupo organizado, ao oferecer as informações necessárias para o bom funcionamento de sua atividade primária. Não há organização, nem sociedade, sem comunicação. A comunicação pode ser encarada como o "carro--chefe" no processo informacional.

O pecado da luxúria tem lugar quando há falhas na estética, quer dizer, falta de clareza e transparência na comunicação da informação. Não trataremos aqui das barreiras, mas, sim, dos problemas e ruídos inerentes ao fluxo da informação. É preciso identificar os obstáculos que impedem a comunicação da informação, pois, como diria Chacrinha, o Velho Guerreiro:[30] "Quem não se comunica... se trumbica."

PREGUIÇA: OBSOLESCÊNCIA DA INFORMAÇÃO

A sociedade do conhecimento anda com muita rapidez. As transformações e inovações se sucedem a cada instante, quase à velocidade da luz, ou ainda mais rápido. Essa sociedade pós-moderna, pós-capitalista ou digital vive no ritmo dos nanossegundos – bilhões de segundos, um tempo tão pequeno que o pensador Alvin Toffler[31] definiu como uma compressão de tempo quase inimaginável. Seria como se toda a vida útil de um profissional de, digamos, 80 mil horas pagas – 2 mil horas por ano durante 40 anos –, pudesse ser compactada em menos de 4,8 minutos.

Já houve uma época em que o tempo era uma dimensão confiável que orientava a vida na Terra. Tempo era uma questão de o Sol passar pelo horizonte para marcar um novo dia, e tudo era vivido de forma previsível. Tudo demorava muito e todos já esperavam por isso. O tempo era respeitado, assim como o espaço.

Uma questão crucial é que, muitas vezes, informações importantes chegam tarde demais. A obsolescência da informação é um dos problemas, ou melhor, é um dos pecados que precisam ser tratados com todo o cuidado. O que é relevante agora talvez não seja mais daqui a alguns instantes. A quantidade de barreiras que impedem o fluxo de informação é enorme. Não basta ter a informação certa; é preciso tê-la na hora certa, para que possa ser usada no momento certo, pela pessoa certa.

SOBERBA: DIFICULDADES CULTURAIS EM USAR DETERMINADAS FONTES DE INFORMAÇÃO

É justamente o poder de possuir a informação que leva ao pecado informacional da soberba. Esse orgulho excessivo pode causar sérios danos ao fluxo informacional da empresa. Não é necessário fazer um esforço muito grande para que isso aconteça; basta que um diretor, gerente ou supervisor do departamento seja contaminado pelo vírus da arrogância. Informações informais essenciais podem ser deixadas de lado, enquanto informações formais, não tão importantes, são idolatradas. A presunção desmedida leva a exageros ou mesmo a erros grosseiros na avaliação da relevância e da prioridade da informação, que pode ser sub ou superdimensionada. Não importa, nesse estágio, o estrago já feito e que pode ser irreversível para a tomada de decisão. Se o objetivo é lidar com informação relevante, a soberba tem de ser queimada na fogueira das vaidades dos pecados informacionais.

> *Ter dados e conhecê-los é cultura. Saber processá-los, transformando-os em informação, é uma questão de sobrevivência. Saber usar a informação é a arte do poder.*

> – PHILIP KOTLER[32]
> *MARKETING PARA O SÉCULO XXI, 1999*

capítulo 4

Hybris e Nemesis:
A BUSCA DO SANTO GRAAL

As organizações aprendem somente por intermédio de indivíduos que aprendem. O aprendizado individual não garante o aprendizado organizacional... Nas organizações que aprendem, as pessoas expandem continuamente sua capacidade de criar resultados... onde maneiras novas e expansivas de pensar são encorajadas, onde a aspiração coletiva é livre e onde as pessoas estão constantemente aprendendo a aprender coletivamente.

– Peter Senge
A quinta disciplina, 1990

4.1 // O TREINAMENTO É NECESSARIAMENTE UM BOM INVESTIMENTO?

Por mais estranha e contraditória que possa parecer essa questão, ela se tornou bastante pertinente em uma sociedade que valoriza a formação como um dos principais atributos de ascensão social e que inseriu na empresa o paradigma da necessidade constante e crescente do desenvolvimento de competências profissionais.

A problemática sobre os efeitos da avaliação de resultados dos programas de treinamento é bastante atual. Em época de crise, em um cenário de incertezas, a pressão pelo retorno sobre o investimento (ROI – *Return on Investment*) é muito grande. O que o empresário ou o acionista quer saber é se o investimento que será direcionado para a formação, a capacitação ou o desenvolvimento dos profissionais trará algum benefício prático para a organização, seja em aumento da produtividade, redução de custos, melhoria da qualidade ou da satisfação do cliente final.

A época do investimento fácil e irrestrito, sem a preocupação com resultados práticos, já passou. O que se percebe é uma crescente inquietação com a eficácia dos programas de treinamento, que passam necessariamente por melhor entendimento sobre as condições de eficiência e as múltiplas variáveis que agem sobre as práticas educativas nas organizações. A despeito de inúmeros estudos, artigos e livros, esse ponto ainda traz questões muito mal compreendidas e explicadas.

Aprofundar o entendimento sobre os processos de transformação que a educação corporativa pode ou não provocar, e seus efeitos no desempenho individual, é algo fundamental para que o investimento crescente nesses programas de treinamento não seja desperdiçado ou seja mal empregado. Na linguagem dos negócios, esse pesadelo organizacional ganhou até uma sigla: DOI (*Destroy of Investment*).

A fim de nos aprofundarmos nessa discussão, é essencial apresentar o modelo mais conhecido e utilizado para se mesurar a efetividade dos programas de treinamento, que foi desenvolvido, no final da década de 1950, por Donald Kirkpatrick. A estrutura básica desse modelo é formada por quatro níveis ou dimensões, conforme a Figura 4.1:

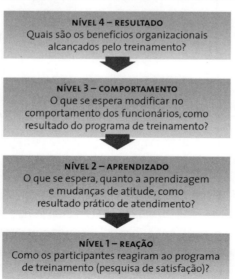

FIGURA 4.1 – MODELO DE KIRKPATRICK PARA AVALIAÇÃO DA EFETIVIDADE DE PROGRAMAS DE TREINAMENTO

Fonte: Starec, 2009.

A análise de cada nível de respostas é exigência fundamental para avaliar se o programa de treinamento foi cumprido de forma satisfatória. Todos os níveis de avaliação são essenciais. O modelo de Kirkpatrick enfatiza a importância da realização de avaliações em cada nível de formação. Cada um deles oferece um diagnóstico de problemas para a verificação do nível anterior. Assim, se os participantes não aprenderem algo (nível 2), possivelmente significa que a reação ao treinamento não foi satisfatória no nível 1 (reação) e poderá revelar os obstáculos para a aprendizagem e para os resultados esperados. A seguir, apresentamos um guia rápido sobre algumas fontes de informação para cada nível.

Nível 1 (Reação)
* questionário com *feedback* (avaliação de reação) do participante;
* comentários informais entre os participantes; e
* grupo focal com sessões entre os participantes.

Nível 2 (Aprendizado)
* pré e pós-teste;
* avaliações *on-the-job* (no dia a dia da empresa); e
* relatórios específicos.

Nível 3 (Comportamento)
* questionários de autoavaliação;
* observação *on-the-job* (no dia a dia da empresa); e
* pesquisa 360 graus – relatórios de clientes, fornecedores, colegas e superiores.

Nível 4 (Resultado)
* relatórios financeiros;
* qualidade de processos; e
* entrevista com o gerente da área.

A dificuldade do custo da realização de uma avaliação aumenta à medida que se avança um nível. Assim, será preciso considerar cuidadosamente os níveis de avaliação para os quais se vão conduzir os programas de treinamento. É importante saber que, antes de iniciar uma avaliação, é preciso ter claros os objetivos a serem alcançados no processo.

As limitações do modelo de Kirkpatrick, observado anteriormente, levantam algumas implicações significativas sobre os eventuais riscos para os clientes e as partes interessadas (*stakeholders*). Por exemplo, o fracasso do modelo em promover uma reflexão das principais variáveis de entrada (cultura organizacional, gestão de expectativas e gestão de mudanças) e sobre a real complexidade da própria formação e do processo de avaliação.

Com seu foco exclusivo na coleta de dados sobre os resultados, o modelo favorece a impressão de que, ao medir um ou mais dos quatro níveis, proporcionará aos avaliadores, de forma sistemática e clara, informação transparente, objetiva e relevante. O problema com essa abordagem é que, embora possa fornecer algumas informações específicas sobre o programa de treinamento, quando a medição fica restrita a um ou mais dos quatro níveis, nenhuma análise sobre o porquê de a formação ter sido ou não eficaz é gerada.

Com a falta dessas informações, as organizações têm pouco fundamento para tomar decisões sobre se os novos programas devem ser autorizados para outras unidades ou setores. O que se constata é que a maior parte dos departamentos de formação não consegue medir os resultados da aprendizagem dos níveis 3 e 4 do modelo de Kirkpatrick.

Nesse modelo, fica implícito que o treinamento terá efeito uniforme sobre todos os funcionários que participaram da formação. A crítica que se faz é que o modelo de Kirkpatrick não leva em conta a existência de grandes variações no processo de aprendizagem de cada participante e na aquisição do conhecimento, que também é individual. Quando esses fatores não são levados em conta, podem comprometer (tornar inexatas ou mesmo deturpar) as conclusões sobre o mérito ou a eficácia dos programas.

O que se argumenta é que as informações erradas geram decisões equivocadas, que podem representar risco para os clientes e para as partes interessadas no processo de educação corporativa, quando, por exemplo, levam ao cancelamento de algum treinamento ou atestam a ineficácia de determinados programas de formação. Por outro lado, programas podem ser continuados também porque as decisões se basearam em informações incompletas ou inexatas. Com isso, toda a credibilidade acaba sendo posta em xeque e passa-se a contestar a eficácia de futuros esforços.

De fato, historicamente, a maioria das avaliações de formação nas organizações tem focado, como será discutido no Capítulo 5, apenas o primeiro nível do modelo, a reação dos participantes, por meio de pesquisas de satisfação realizadas no final do treinamento ou alguns dias depois. Há evidências de que a maioria das empresas só planeja a avaliação de reação como processo de medição sobre a efetividade do treinamento, o que se pode constatar nas mais de trinta práticas educativas analisadas.

Não se pode deixar de mencionar que, na avaliação de um programa de treinamento, está se medindo também a competência dos departamentos de Recursos Humanos que o planejaram e contrataram a formação. Essa "meta-avaliação" pode levar ao desenvolvimento de um programa de treinamento que provocará reações positivas nas pesquisas de avaliação, que será divertido, talvez até motivador, mas que não conduzirá a uma aprendizagem prática ou a uma mudança de comportamento no trabalho. Isso representa um grande risco para as organizações.

O modelo também deixa de avaliar outras questões-chave, como os recursos utilizados (equipamentos, recursos audiovisuais, mobiliário...) nos programas de capacitação, o local do evento, ou mesmo a cultura organizacional, e fatores-chave, como a gestão de expectativas ou as consequências de desempenho. Como já discutido, a cultura pode não respaldar a colaboração, o compartilhamento de informações e a troca de experiências, um dos maiores desafios de qualquer programa de treinamento.

Quanto à avaliação, a pergunta-chave é: *"Are we doing the right thing, and are we doing it well?"* ("Será que estamos fazendo a coisa certa e estamos fazendo bem?"). O debate sobre investimento-formação ocupa o centro da questão. Pela ótica do ideal da construção de novas competências para aumentar a produtividade organizacional, melhorar a qualidade de produtos ou serviços, incentivar a inovação, a colaboração e o compartilhamento de informações e experiências, a relação é clara e necessária; já com um olhar mais financeiro e pragmático, no tocante aos resultados práticos alcançados, não é possível garantir que a equação "investimento em formação = melhora nos resultados organizacionais" esteja comprovada.

4.2 // O PAPEL DA INFORMAÇÃO NA BUSCA POR INDICADORES INFORMACIONAIS SUSTENTÁVEIS

Autores de diferentes áreas e escolas do pensamento têm analisado, de diversas formas, o novo padrão de acumulação neste novo milênio. Na sociedade da informação, do conhecimento e do aprendizado, interligada e em tempo real, informação é o principal ativo na luta pela sobrevivência das organizações. Essa nova sociedade é marcada pelo estado informacional, com seus métodos, políticas, dispositivos e instrumentos tecnológicos. A ciência da informação surge, nesse cenário, como espaço teórico e prático para se estudar a questão, com suas teorias e seus modelos explicativos de práticas informacionais, tendo a informação como principal objeto de estudo.

A necessidade de se pensar a organização como um organismo vivo, que demanda formas intensa e sistêmica da informação, fica clara na análise das crescentes relevância e complexidade da informação, do conhecimento e das novas TICs. A OCDE, por exemplo, trabalha com o conceito de "investimento em conhecimento", compreendendo três áreas:

1. Educação
2. Pesquisa e desenvolvimento
3. TICs (mais precisamente, produção de software)

Este livro está justamente voltado à pesquisa dos indicadores informacionais para avaliar o desempenho das práticas educativas nas organizações. Os dados são significativos: menos de um terço das organizações logra pleno êxito na realização de seus planos estratégicos.[1] As dificuldades em transformar as intenções em resultados afligem os gerentes em nível global.

Pesquisa realizada com mais de uma centena de empresas no Reino Unido mostrou que cerca de 80% das que foram avaliadas conseguem formular com clareza e objetividade suas estratégias. Cerca de 50% obtêm algum sucesso na implementação das estratégias e somente 30% têm êxito em transformá-las em ações e resultados significativos.

O papel da informação na construção de indicadores é debatido por vários autores em diferentes áreas do conhecimento, como L. Goldman,[2] que analisa a questão cognitiva sobre sua transferência, observando que:

> Existem informações cuja compreensão é incompatível com as características fundamentais de um grupo social até o limite de suas condições reais de existência, e isso pode se dar em virtude da necessidade de informação prévia, da estrutura psíquica do receptor e da inserção do receptor em um grupo social... Além desse limite, as informações somente serão compreendidas se a estrutura do grupo for transformada.

O argumento de Goldman reforça a constatação de outros autores como David Norton e Robert Kaplan, tendo em vista que 95% dos colaboradores não entendem a estratégia de suas organizações, e que cerca de 90% dos executivos não esperam que seus funcionários compreendam as estratégias corporativas.

Para tentar resolver essa questão, David Norton e Robert Kaplan criaram um modelo conceitual com o objetivo de traduzir a estratégia empresarial em um conjunto de objetivos e indicadores de desempenho estruturado em quatro perspectivas: financeira, de clientes, processos e pessoas. O Balanced Scorecard

(BSC) é um modelo multidimensional que ajuda os executivos a articular, descrever, comunicar, implementar e monitorar suas estratégias em todos os níveis da organização, como mostra a Figura 4.2. O BSC oferece um modelo para a descrição de estratégias que criam valor. O modelo do BSC (figuras 4.2 e 4.3) contém os seguintes elementos centrais:

- O desempenho financeiro, indicador de resultado, que deve ser encarado como foco principal ou critério definitivo da organização. De acordo com essa perspectiva, a estratégia descreve como a organização pretende promover o crescimento do valor sustentável para os acionistas.
- O resultado só pode ser alcançado com o sucesso no relacionamento com os clientes-alvo (*target*). Além de medir o sucesso com os clientes por meio de indicadores de resultado de satisfação, retenção e crescimento, a perspectiva de clientes define a proposta de valor, o diferencial competitivo, a ser ofertado à clientela. A escolha desse diferencial deve ser entendida como o elemento central da estratégia de qualquer organização.
- Os processos internos servem como uma espécie de alicerce que garante a exata execução (entrega) da proposta de valor para os clientes. O desempenho dos processos internos é um indicador de tendência de melhorias que terão impacto direto na satisfação dos clientes e, consequentemente, no resultado financeiro.
- Já os ativos intangíveis são vistos como a fonte definitiva de criação de valor sustentável. Os objetivos de aprendizado e crescimento descrevem como as pessoas, a tecnologia e o clima organizacional interagem para sustentar a estratégia. As melhorias nos resultados de aprendizado e crescimento são indicadores essenciais de tendência para os processos internos, clientes e desempenho financeiro.

Os objetivos das quatro perspectivas interligam-se entre si, em uma cadeia sinérgica de relações de causa e efeito. O desenvolvimento das pessoas na organização com o alinhamento das práticas educativas e dos ativos intangíveis (conhecimento e informação) com a estratégia induz a uma melhoria no desempenho dos processos, os quais, por sua vez, impulsionam o sucesso para clientes e acionistas, pela melhora no desempenho financeiro. Em outras palavras, essa cadeia de valor traz mais resultado, como mostra a Figura 4.2, e mais detalhadamente, cada uma das perspectivas do BSC.

No BSC, aprender é mais que um processo ou programa de formação, por incluir, em suas práticas educativas, elementos como os mentores e tutores (espé-

FIGURA 4.2 – MODELO BSC

Fonte: Starec, 2009.

cie de padrinhos-treinadores e professores) na organização. O BSC se preocupa com o fluxo da comunicação da informação entre os trabalhadores, com base na missão e nos objetivos corporativos. O propósito é possibilitar a disseminação de melhores práticas e o compartilhamento de informações estratégicas que possam ajudar a resolver algum problema específico.

O BSC evoluiu de um simples quadro de avaliação para um complexo sistema de gestão e monitoramento do planejamento estratégico. O "novo" BSC transforma um plano estratégico da organização que não só fornece seu desempenho, como também ajuda os gestores a identificarem o que deve ser feito e medido. Esse sistema de gestão permite aos executivos executarem suas estratégias com maior chance de êxito, além de disseminar a visão e a estratégia, traduzindo-as em ação. O BSC sugere que a organização seja avaliada com base no desenvolvimento de indicadores em relação a quatro perspectivas macro a serem apresentadas a seguir.

PERSPECTIVA DO APRENDIZADO E DO DESENVOLVIMENTO PESSOAL

Essa perspectiva inclui boa parte da argumentação deste livro: empregados, educação corporativa, comportamentos, atitudes e cultura organizacional, além de necessidades de autoaperfeiçoamento. No cenário de rápidas mudanças tecnológicas, como apresentado nos dois primeiros capítulos, é necessário investir de forma crescente no processo de educação continuada. A aprendizagem e o desenvolvimento de pessoas constituem a base fundamental para o êxito de qualquer organização.

PERSPECTIVA DOS PROCESSOS DE NEGÓCIOS

Essa perspectiva refere-se aos processos de negócio. Ajuda os gestores a avaliarem, de fato, se suas atividades estão sendo executadas e se seus produtos e serviços estão atendendo às necessidades dos clientes. Esses parâmetros têm de ser cuidadosamente concebidos por aqueles que conhecem os processos mais intimamente.

PERSPECTIVA DO CLIENTE

As teorias administrativas apontam para a crescente relevância de se ter como principal foco do negócio a satisfação do cliente. Esse é um dos mais importantes indicadores: se os clientes não estão satisfeitos, acabarão por encontrar outros fornecedores para satisfazer suas necessidades e seus desejos. Um fraco desempenho nessa perspectiva pode ser um alerta importante sobre eventual futuro declínio nos negócios.

PERSPECTIVAS FINANCEIRAS

A última, mas não menos importante, é a perspectiva financeira. Dados precisos sobre o desempenho financeiro são cada vez mais relevantes para a tomada de decisão nas organizações modernas e passaram a ser prioridade para os gestores. Entretanto, o ponto é que a atual ênfase direcionada para a área financeira leva a um "desequilibrado" equilíbrio em relação a outras perspectivas. Há necessidade de se incluírem outros dados relacionados à perspectiva financeira, como a avaliação de risco e custo-benefício da coleta de dados, nessa categoria, como mostra a Figura 4.3 a seguir.

O entendimento das quatro perspectivas do BSC embasa essa pesquisa. O modelo de David Norton e Robert Kaplan leva à constatação de como o processo de aprendizagem é a base de qualquer desempenho organizacional, apesar de os efeitos da educação corporativa no aumento da *performance* individual (leia-se, aumento da produtividade) não serem tão claros assim.

São muitos os modelos existentes, mas a questão-chave ainda não foi respondida: Qual será a fórmula a ser adotada no mundo corporativo? As evidências apontam que podemos começar a entender essa questão de três indicadores: aprendizado, inovação e competências informacionais (que serão vistos a seguir, neste capítulo), que podem ser definidos como as competências essenciais para a concorrência nesse cenário globalizado.

FIGURA 4.3 – AS QUATRO PERSPECTIVAS DO BSC

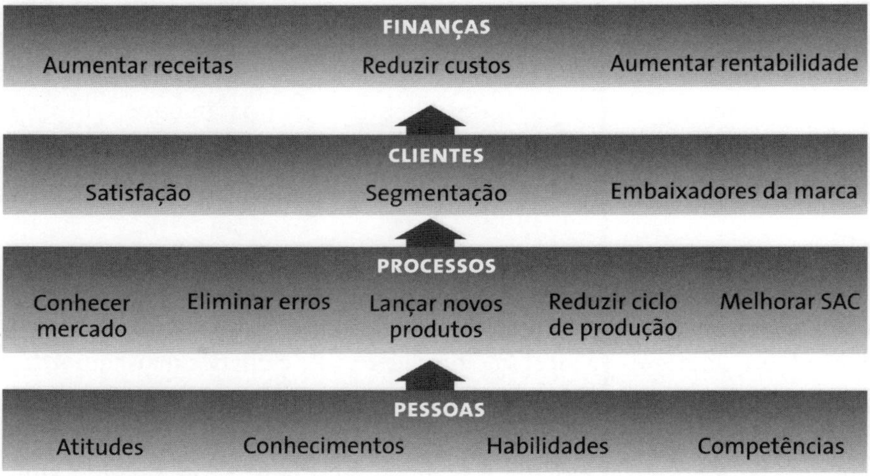

FINANÇAS		
Aumentar receitas	Reduzir custos	Aumentar rentabilidade

CLIENTES		
Satisfação	Segmentação	Embaixadores da marca

PROCESSOS				
Conhecer mercado	Eliminar erros	Lançar novos produtos	Reduzir ciclo de produção	Melhorar SAC

PESSOAS			
Atitudes	Conhecimentos	Habilidades	Competências

Fonte: Starec, 2009.

4.3 // COMPETÊNCIAS INFORMACIONAIS: A BUSCA DO SANTO GRAAL

Na era em que a informação passou a ser reconhecida como elemento central e competência-chave de todos os setores da atividade humana, manter-se atualizado tornou-se sinônimo de estar informado, um indicador incontestável de atualidade e sintonia do trabalhador do conhecimento com o mundo dos negócios. Paradoxalmente, como resultado da ampla, sistemática e, por vezes, caótica disponibilização de informações, não apenas em razão da facilidade do acesso on-line, surgiram barreiras relacionadas à sua assimilação, como a ausência de uma política de informação, o desconhecimento de certos mecanismos de seleção e recuperação, ou mesmo de organização, armazenamento, indexação, análise e disseminação da informação.

Nesse cenário, um termo que surgiu no escopo da Ciência da Informação, *information literacy*, ganha cada vez mais espaço na busca pelas competências essenciais dos profissionais de informação, particularmente no ambiente universitário. A questão aqui é que a maioria dos trabalhadores da sociedade da informação, do conhecimento e do aprendizado pode e deve ser considerado um profissional de informação, e que as organizações cada vez mais se assemelham a universidades.

A literatura, principalmente aquela ligada à Ciência da Informação, passou a tratar de um novo e importante indicador: a competência informacional, que leva em consideração uma série de fatores como:

- fluência digital;
- capacidades cognitivas para assimilar informações relevantes e prioritárias;
- habilidade de recuperar, analisar, organizar, indexar, disseminar e usar volumes cada vez maiores de informações;
- pensamento crítico;
- aprendizado ativo e autônomo;
- aprender a aprender, para aprender a fazer; e
- aprendizado ao longo da vida (conceito mais atual para educação continuada).

O conceito de *information literacy*, que surgiu na década de 1970,[3] liga-se à necessidade de se exercer domínio sobre o sempre crescente universo informacional, ao incorporar habilidades, conhecimentos, atitudes e valores relacionados à própria essência da competência informacional. Ele surge da consciência política de se ampliar o uso das tecnologias da informação na transição para a sociedade da informação, do conhecimento e do aprendizado. O uso coletivo, mundialmente conhecido por *digital divide* (inclusão digital) deve ser mais amplo do que simplesmente o acesso às técnicas, à rede, ao entretenimento ou como meio de comunicação, no sentido estrito.

No ambiente corporativo, *information literacy* deve possibilitar que os trabalhadores tornem-se mais aptos a enfrentar os problemas, desafios, exigências e competências profissionais estabelecidos para fazer parte da organização. Na prática, prepara o indivíduo para tirar vantagem das oportunidades inerentes à sociedade da informação globalizada.

Information literacy parte do pressuposto de que os recursos informacionais devem ser aplicados às situações de trabalho, à resolução de problemas, por meio do aprendizado de técnicas e habilidades no uso de ferramentas de acesso à informação. Já o usuário, na condição de trabalhador do conhecimento, não se deve restringir apenas a localizar e recuperar a informação relevante, mas também a interpretá-la, avaliá-la e, principalmente, usá-la, gerando algum conhecimento.

Desde o surgimento da expressão, na década de 1970, como conceito, permanece um tanto incerto, até porque a pesquisa sobre o tema ainda se encontra em território indefinido, como uma metáfora bem construída, carregada de conotações, nem sempre bem-vista ou entendida.

Pode-se afirmar que, apesar das críticas de *information literacy* serem apenas um exercício de relações-públicas, um nome mais atual para práticas biblioteconômicas consolidadas, o termo pode ser visto como um conceito dinâmico, constantemente repensado.

Information literacy apresenta um significado que vai além da soma de suas partes (*information* e *literacy*).

Information é um conceito ao mesmo tempo simples e complexo, que engloba muitas definições e interpretações, conforme a área de conhecimento na qual se insere, como foi discutido no Capítulo 3. Quanto à *literacy*, a palavra pode ser definida como uma habilidade específica para estar sintonizado com o universo informacional, ao possibilitar o uso da informação de forma efetiva e a construção do conhecimento, diante da capacidade de usar matérias e conceitos complexos para aprender por si mesmo.

É preciso deixar registrado que, desde os anos 1980, a sociedade passou a ser fortemente influenciada pelas TICs. Para os profissionais de informação, a ascensão e a difusão da TI alteraram as bases de produção, controle, armazenamento, disseminação, acesso e uso da informação, criando um novo paradigma tecnológico e alterando definitivamente os sistemas de informação.

Foi nessa época que a concepção da *information literacy* adquiriu a conotação de capacitação em tecnologia da informação e se popularizou, principalmente no ambiente profissional. Essa ênfase em TI restringe o significado do que é, na prática, *information literacy*, dando-lhe ênfase instrumental.

Um segundo conceito associado ao tema é o da *information literacy education*, que pode ser entendido como um processo que tem início com a percepção da necessidade de informação, de socialização do acesso à informação. Esse é um processo que invariavelmente acontece de forma lenta e envolve toda a comunidade educacional, tendo seu desenvolvimento nesse contexto.

A educação voltada para a *information literacy* aqui encontra respaldo em práticas educativas, como o itinerário integrado (baseado na transdisciplinaridade), a fim de instrumentalizar e interiorizar comportamentos, atitudes, habilidades e competências que levem à proficiência no trato com a informação. *Information literacy education* tem como maior objetivo formar indivíduos que:

1. Saibam determinar a natureza e a extensão de sua necessidade de informação como suporte a um processo inteligente de tomada de decisão nas organizações.
2. Conheçam o mundo da informação e sejam capazes de identificar e lidar com fontes potenciais de informação de forma efetiva.

3. Avaliem criticamente a informação segundo critérios de relevância, objetividade, pertinência, lógica, ética, prioridade, utilidade, atualidade, precisão...
4. Usem e comuniquem a informação, com um propósito específico e ético, individualmente ou como membro de um grupo social.
5. Aprendam, ao longo da vida, de forma sistemática e contínua (proposta central do processo de educação corporativa).

Nesse "oceano de possibilidades", no qual, como já foi mencionado, a riqueza da informação gera a pobreza da própria informação, surge a necessidade de se avaliar o resultado das universidades corporativas. O primeiro passo seria criar indicadores. Por meio do desenvolvimento desses indicadores, procuramos reduzir fenômenos complexos a fórmulas simplificadas, facilmente comunicáveis e mensuráveis, passíveis de comparação, agregação e extrapolação, conforme apresenta a professora Helena Lastres.

Com base nesses indicadores, as organizações podem melhorar o processo de tomada de decisão, além de estabelecer estratégias e prioridades. A lógica é que, quanto mais claros forem os conceitos que descrevem dada realidade ou situação, menor será a probabilidade de imprecisão e de erros inerentes ao processo de mensuração e avaliação. Einstein já dizia que o que não pode ser comprovado é cientificamente irrelevante. Isso não significa, no entanto, que esse seja um problema simples e de fácil solução.

Os indicadores que mostram quando as empresas não vão bem são claros: queda de vendas, perda de participação de mercado, reclamação de clientes, retrabalho, entre outros. No mundo empresarial, não falta informação, não existe escassez de conhecimento. Falta agir, bem como ter a capacidade de sair da inércia provocada pela zona de conforto, aplicando os conhecimentos para obter a tão almejada vantagem competitiva sustentável. Mas até que ponto, com tanta turbulência tecnológica e caos informacional, alcançamos o ideal da felicidade no mundo do trabalho?

4.4 // ROI, CTP, ROA, RCI, ACB, IDP... SOPA DE LETRINHAS DA AVALIAÇÃO

A avaliação do impacto da formação no aumento da produtividade ou da *performance* individual é uma questão recente no cenário empresarial. As práticas de mensuração sobre o retorno e os efeitos do investimento em formação profissional começaram a ser apresentados no final dos anos 1990, mais precisamente a partir de 1996.

Está no escopo deste livro uma análise das principais fórmulas utilizadas para mensurar o impacto dos investimentos em educação corporativa no aumento da produtividade, pela melhoria do desempenho individual dos trabalhadores. Como já assinalado, na economia atual, em um cenário de incertezas e de crescimento significativo da concorrência entre as organizações públicas ou privadas, e até entre os governos, é indispensável justificar as crescentes despesas ou, melhor, os investimentos, em formação, capacitação e desenvolvimento profissional, para provar o quanto contribuem para elevar a produtividade.

Um dos maiores desafios encontrados no mundo dos negócios é a insuficiência de métodos que permitam avaliar, com clareza e confiabilidade, os eventuais benefícios das práticas educativas nas organizações. Na última década, foram apresentados inúmeros modelos e fórmulas para se calcular o ROI como a última etapa de avaliação da educação corporativa. Considerados estratégicos para gestores e profissionais de Recursos Humanos, esses métodos fornecem algumas evidências sobre o retorno financeiro da educação corporativa.

De maneira geral, as organizações sabem calcular os custos do processo de educação corporativa, mas não conseguem mensurar, com precisão, o retorno sobre o investimento feito. A falha não consiste apenas em identificar os efeitos referentes à formação em si; é também indispensável reconhecer os benefícios intangíveis na conversão dos resultados.

Aqui, discutem-se as principais práticas de avaliação do retorno do processo de educação corporativa, com a apresentação de algumas fórmulas de cálculo do ROI. Muito pouco se pesquisou sobre esse tema no Brasil. Como a literatura sobre casos práticos é recente, não muito se publicou, o que, de certa maneira, dificulta o aprendizado do modelo.

O ROI sobre as práticas educativas nas organizações pode ser avaliado com a ajuda de uma fórmula matemática, a fim de se mensurar o impacto desse processo. O ROI, que para muitos especialistas em Recursos Humanos é o quinto nível do modelo de Kirkpatric, requer a quantificação do retorno atual sobre os investimentos financeiros na formação de profissionais, como mostra a Figura 4.4 a seguir.

A fórmula do ROI, segundo Jack Phillips, seu criador, é uma porcentagem que expressa a relação entre os benefícios esperados do programa de treinamento em relação aos investimentos realizados.

FIGURA 4.4 – O MODELO DOS CINCO NÍVEIS DE AVALIAÇÃO E OS OBJETIVOS ORGANIZACIONAIS

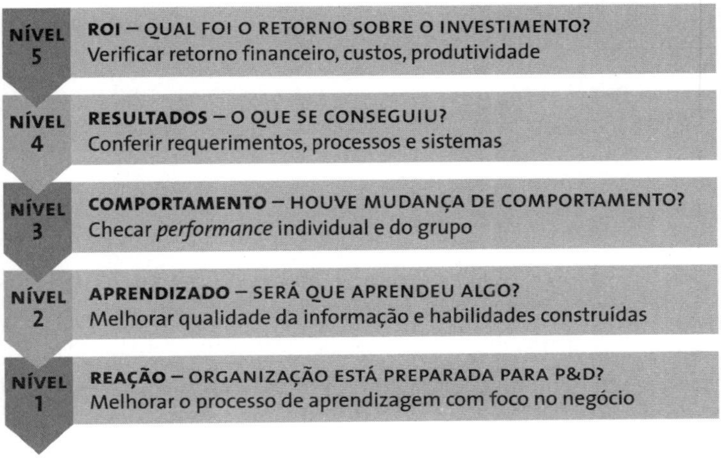

NÍVEL 5	**ROI** – QUAL FOI O RETORNO SOBRE O INVESTIMENTO? Verificar retorno financeiro, custos, produtividade
NÍVEL 4	**RESULTADOS** – O QUE SE CONSEGUIU? Conferir requerimentos, processos e sistemas
NÍVEL 3	**COMPORTAMENTO** – HOUVE MUDANÇA DE COMPORTAMENTO? Checar *performance* individual e do grupo
NÍVEL 2	**APRENDIZADO** – SERÁ QUE APRENDEU ALGO? Melhorar qualidade da informação e habilidades construídas
NÍVEL 1	**REAÇÃO** – ORGANIZAÇÃO ESTÁ PREPARADA PARA P&D? Melhorar o processo de aprendizagem com foco no negócio

Fonte: Starec, 2009.

ROI (%) = [Benefícios do Programa de Treinamento/Custos da Formação] x 100

ou seja:

ROI (%) = [100 [(Benefícios Totais Esperados – Custos da Formação)/Custos da Formação]

Apesar de a literatura (predominantemente americana e canadense) indicar que essa é a fórmula de cálculo do retorno sobre o investimento mais utilizada nas organizações, algumas variáveis devem ser levadas em conta antes e após os programas de formação e capacitação profissional:

- cálculo da economia com a diminuição do turnover (rotatividade de pessoal);
- cálculo da satisfação do funcionário (aumento da confiança, melhora no processo de comunicação interna, aumento do compartilhamento de informações);
- cálculo do comprometimento (diminuição de atrasos, faltas, absenteísmo...);
- cálculo de inovação (capacidade de o trabalhador apresentar soluções para resolver problemas organizacionais);
- cálculo da melhora na qualidade (percebida pelo cliente final).

Outras fórmulas de cálculo do rendimento na formação são citadas pela literatura ao longo dos últimos anos.

Custo da formação por participante:

CTP (Custo Total por Participante) = CTT (Custo Total do Treinamento)/ número de participantes.

Essa é uma equação mais simples e muito utilizada nas propostas apresentadas por empresas fornecedoras de programas de formação e capacitação profissional. Essa fórmula permite avaliar qual é o custo de formação de um participante. Apesar de ela ser muito comum no mundo empresarial, não estabelece ligação direta com os benefícios dos programas de formação profissional.

Outro método que se assemelha ao ROI é o ROA (*Return on Assets*), de D.G. Miller e B.F. Mattick, que desenvolveram um indicador para avaliar o quanto uma empresa é rentável, em relação a seu ativo total. Entretanto, esses dois modelos se diferenciam basicamente pelo fato de o segundo (ROA) considerar no cálculo os ativos líquidos. O ROA dá a clara dimensão sobre a forma como a gestão pode obter maior rentabilidade ao utilizar seus ativos para gerar um melhor resultado financeiro.

FÓRMULA DO ROA

A fórmula do ROA é simples, sendo o total do ativo obtido do balanço (o balanço é uma fotografia da situação patrimonial da empresa em determinado momento – geralmente no final de um trimestre, semestre ou ano) e os resultados líquidos provenientes da demonstração do resultado (a demonstração do resultado ilustra como variou a situação patrimonial de uma empresa durante um período (um trimestre, um semestre, um ano), ou seja, como decorreu a sua atividade:

$$ROA = \frac{\text{Resultado líquido}}{\text{Total do ativo líquido}}$$

O ROA informa o que a organização consegue fazer com aquilo que possui. Permite comparar empresas dentro do mesmo setor quanto à eficiência no uso do capital investido, mas pode variar, de forma significativa, de indústria para indústria, em razão das especificidades de cada uma. É por isso que, quando se utiliza o ROA como um indicador comparativo, o melhor é compará-lo com os dados da mesma empresa (ROAs anteriores) ou com o ROA de uma semelhante.

Outra maneira de se entender o ROA pode ser expressa na seguinte equação:

ROA (Retorno sobre Ativos) = (Vendas – Custos operacionais)/Ativos = Margem/Ativos

O cálculo é feito pela divisão de uma empresa por seus ganhos anuais sobre o total dos ativos. O ROA é exibido como uma porcentagem e dá uma ideia da rentabilidade de cada empresa, sem levar em conta a alavancagem. O método ROA possibilita a análise de como a empresa faz efetivamente a conversão do dinheiro que tem para investir em renda líquida. Quanto maior o percentual ROA, melhor, porque significa que a organização está ganhando mais dinheiro com menos investimentos. Qualquer empresa pode gerar receita ao despejar uma montanha de recursos em determinado projeto, mas são poucas as que conseguem grandes resultados com pouco investimento.

A análise da relação custo-benefício do crescente aporte de recursos financeiros em programas de formação profissional pode ser mensurada pela fórmula do rendimento do capital investido, como mostra a equação a seguir.

RCI (Rendimento do Capital Investido) = Resultados obtidos – Custos de formação

O processo de cálculo do ROI em programas de formação é dividido em duas grandes etapas: antes e depois do programa de desenvolvimento profissional.

Antes da formação:

- estabelecer os critérios e indicadores de avaliação (taxas de produtividade, vendas, descarte de peças, desperdício de tempo, retrabalho...);
- definir os problemas de *performance* que devem ser trabalhados no programa; e
- estimar um valor financeiro para os problemas de *performance*, em razão da falta de competências necessárias (rotatividade de pessoal, produtividade...).

Depois da formação:

- avaliar todo o sistema de formação, incluindo a aquisição de competências essenciais e os resultados alcançados. Essa etapa precede o cálculo do RCI;
- calcular custos de formação (deve ser feita uma matriz detalhada com todos os custos diretos e indiretos do treinamento);

- definir os benefícios esperados, que pode ser feito com a ajuda de uma avaliação em grupo ou com grupos focais (*focus groups*); e
- calcular a relação custo-benefício (com a fórmula do RCI). A equação deve ser realizada antes e depois da formação, de modo que seja possível estabelecer a existência de diferença significativa entre as duas etapas.

Outra forma de se avaliar a relação custo-benefício sobre o ROI em programas de educação corporativa é a ACB (Análise Custo-Benefício). Essa análise mensura a *performance* do trabalhador e se fundamenta na relação custo-benefício, como mostra a fórmula a seguir.

ACB = Benefícios esperados da formação/Custos totais da formação

O resultado é expresso por um valor, uma quantia monetária que descreve de que maneira a formação é utilizada pela organização para aumentar a produtividade e a *performance* organizacional, com base em novas competências e habilidades adquiridas pelos trabalhadores.

"Ao tecer o tear da avaliação" e envolver os principais métodos de mensuração, propõe-se a adoção de um novo índice, o Índice de Desenvolvimento Profissional (IDP), uma variação do IDH. O IDP, ainda que exploratório, leva em conta os principais indicadores e as variáveis citadas anteriormente:

- os indicadores de aprendizado devem explicitar o tempo destinado à capacitação profissional (HHT);
- o grau de instrução e a experiência do participante, bem como as competências informacionais – sua árvore do conhecimento;
- ativos intangíveis, como a satisfação do funcionário e a percepção do trabalhador sobre a assimilação de informação e a aquisição de conhecimento;
- o grau de Inovação alcançado pela empresa, que deve ser calculado antes (Ia) e depois (Id) da formação; e
- a relação custo-benefício dos programas de formação profissional.

A fórmula do IDP é a seguinte:

$$IDP = \frac{A \times CI \times I (Id - Ia) \times N / S \times 100}{\text{Investimento total}}$$

Em que:

A é o indicador de aprendizagem organizacional.

CI é o indicador que reflete as competências informacionais esperadas.

I é o indicador de inovação.

N representa o número de funcionários capacitados.

S é o grau de satisfação e de comprometimento dos trabalhadores.

É importante ressaltar que essa fórmula, ainda exploratória, pode contribuir para ajudar a esclarecer a questão sobre até que ponto produzir influencia o produtor e conhecer modifica o conhecimento. Acredito que essa fórmula seja aberta a contribuições críticas, a fim de que possamos criar um indicador de produtividade do aprendizado corporativo.

capítulo 5

Práxis

As organizações que realmente terão sucesso no futuro serão aquelas que descobrirem como cultivar nas pessoas o comprometimento e a capacidade de aprender em todos os níveis da organização.

– Peter Senge
A quinta disciplina, 1990

5.1 // O CENÁRIO (MÉTODOS, MODELOS E CASOS DE UNIVERSIDADES CORPORATIVAS)

As universidades corporativas surgiram em momentos de grande transformação na sociedade, que acarretaram mudanças profundas no modelo educacional e na busca por qualificação profissional. Desde os anos 1950, nos Estados Unidos, tanto as grandes quanto as pequenas empresas formaram grupos para ensinar a seus funcionários como fazer melhor seu trabalho. A partir da década de 1970, essas infraestruturas educacionais, implantadas dentro das organizações, proliferaram em todo o país e ficaram conhecidas como universidades, institutos ou faculdades corporativas. O objetivo desses centros de educação empresarial era informar e capacitar profissionais, a fim de enfrentar o aumento da concorrência em um cenário competitivo mais complexo.

Universidade corporativa pode ser entendida de duas maneiras: como um guarda-chuva estratégico para desenvolver e educar funcionários, clientes, fornecedores e comunidade, a fim de cumprir as estratégias empresariais da organização, como define J.C. Meister, ou como um sistema de desenvolvimento de pessoas pautado pela gestão por competências, segundo definição da professora Marisa Eboli.

Por sua própria natureza, as universidades corporativas não estão sujeitas ao credenciamento específico pelo poder público; o diploma por elas expedido também não necessita de reconhecimento oficial para ser aceito pelo mundo empresarial. Como o objetivo é preparar os profissionais para atender às demandas específicas da própria empresa, os cursos e programas estão concentrados nas necessidades e nos objetivos internos.

No mundo dos negócios, são raras as organizações que se tornaram sinônimo de excelência no que concerne à gestão por suas competências empresariais. A Disney, que há mais de quatro décadas mudou o conceito de diversão, criando a indústria do entretenimento, é um bom exemplo, mas há outros; a rede americana de fast-food McDonald's, que se tornou ícone de padronização de serviços; a montadora japonesa Toyota, que desenvolveu um modelo de produção copiado no mundo inteiro; a IBM, a Intel, a Microsoft e o Google, que conseguiram associar suas marcas à inovação tecnológica. Integram, ainda, a lista, o maior grupo varejista do planeta, Walmart, que se notabilizou pela implacável capacidade de gerenciar e reduzir os custos operacionais, e a Coca-Cola, que se popularizou por seus canais de distribuição. Não é coincidência o fato de essas marcas estarem classificadas entre as mais valiosas do mundo, segundo o ranking da Interbrand.

Contudo, quando o assunto é treinamento e desenvolvimento de pessoas, nenhuma empresa é tão aclamada quanto a americana General Electric (GE). Com mais de 330 mil funcionários espalhados por mais de 100 países e atuando em áreas tão distintas e complexas quanto energia, diagnóstico por imagem ou entretenimento, a GE é vista como uma máquina de formação de executivos e lideranças empresariais, até mesmo por ter sido uma das primeiras empresas a apostar na educação corporativa, como já assinalado no Capítulo 3.

Um dado impressionante é que, em seus 130 anos de história, nenhum de seus presidentes foi recrutado fora da empresa; todos, sem exceção, foram formados internamente. Um dos mais conhecidos ex-presidentes da GE foi Jack Welch, considerado o maior executivo de todos os tempos, nos Estados Unidos.

A GE não poupa recursos para a educação e conta com orçamento generoso para formar seus colaboradores. A estimativa da própria empresa revela que, em 2008, houve investimento da ordem de US$ 1,2 bilhão para capacitar seus atuais e futuros líderes. Só para efeito de comparação, essa quantia é maior que o faturamento da Redecard ou do McDonald's no Brasil, e o dobro do que arrecadou a Universidade Estácio de Sá, a maior do país, em 2009.[1]

No processo de formação e desenvolvimento profissional, os executivos da GE também não são matriculados nas principais escolas de negócios do mundo, como as americanas Harvard e Wharton; a canadense McGill; a inglesa London

Business School ou a francesa Insead. A única parada permitida para quem trabalha na empresa é Crotonville, que ocupa uma área de 220.000m^2 na pequena cidade de Ossining, a uma hora de Nova York.

A existência de Crotonville dá a exata medida do valor e do significado da formação de pessoal na estratégia da GE. Apesar do crescimento da educação corporativa no mundo, relativamente ainda são muito poucas as empresas que contam com uma universidade própria para capacitar seu pessoal; o McDonald's (Universidade do Hambúrguer) e a Vale (Valer) estão nesse grupo. No entanto, nenhuma outra empresa chega perto da tradição e do tamanho desse centro de desenvolvimento de pessoas da GE.

A cada ano, 9 mil executivos da GE circulam por Crotonville, com o objetivo claro de buscar ferramentas e aprender para produzir mais resultados. O ritmo é acelerado, principalmente em momentos de turbulência, como os de hoje, em que, apesar do bom desempenho financeiro, as ações da empresa perderam, nos últimos 12 meses, 35% de seu valor.

Crotonville não é apenas um centro de treinamento convencional e acadêmico; ele conta com uma programação toda voltada à vida real da GE e às necessidades e aos objetivos estratégicos da empresa. A liderança da GE encara Crotonville como uma filosofia de educação corporativa, e não apenas como um portfólio de cursos. As aulas planejadas com base em estudo de casos são ministradas por executivos ou ex-funcionários que conhecem de perto os desafios da organização.

Ser indicado para participar de um programa em Crotonville é motivo de comemoração, pois significa que o profissional faz parte dos futuros projetos da empresa. Os participantes são selecionados de acordo com seu desempenho e potencial de crescimento.

O segredo de sucesso de Crotonville pode ser resumido em sete pontos:

1. Os programas são voltados aos desafios reais da empresa.
2. As aulas são práticas (aprender fazendo).
3. Só os melhores profissionais participam.
4. Os líderes são os principais patrocinadores.
5. Todos os programas são de imersão total.
6. A aprendizagem é vista como um bom investimento.
7. A educação estimula o relacionamento.

No Brasil, o surgimento das universidades corporativas ocorreu apenas na década de 1990, quando capacitar um profissional significava apenas dar um treinamento, e os treinamentos se resumiam à transmissão de informação e a algumas qualificações básicas ou específicas. Hoje, os objetivos de formação, capacitação e desenvolvimento profissional não se limitam apenas a "qualificar", mas também se preocupam em ajudar a construir competências profissionais técnicas e comportamentais para que os trabalhadores possam desempenhar papéis muito mais amplos e efetivos em seu ambiente de trabalho.

A universidade corporativa, o modelo mais representativo de educação corporativa, constitui-se em um fortíssimo polo de irradiação e consolidação da cultura empresarial, motivo pelo qual atividades ligadas aos princípios, às crenças e aos valores da organização deverão fazer parte da grade curricular de seus cursos e dos programas de capacitação e desenvolvimento profissional.

No Brasil, a Petrobras, em uma iniciativa pioneira, há mais de cinquenta anos criou a própria universidade corporativa. Apesar de ser uma empresa que sempre investiu em pesquisa, o objetivo nunca foi criar na Petrobras uma universidade com fins acadêmicos e sim treinar pessoas de forma contínua, com o respaldo da academia. Na prática, o que sempre interessou à Petrobras foi o vínculo da atividade empresarial com o pioneirismo da pesquisa acadêmica.

Antes mesmo de a Petrobras ser criada, o Conselho Nacional de Petróleo estabeleceu, em 1952, um convênio com a Universidade Federal da Bahia (UFBA), a fim de formar profissionais para a indústria do petróleo (engenheiros do petróleo). Ainda não existia a Petrobras, mas já havia uma decisão estratégica de formar profissionais por meio de parcerias com os centros de referência em educação superior da época.

Em 2009, mais de 90% dos 69 mil empregados do sistema Petrobras, do Brasil e do exterior, participaram de cursos, palestras e seminários. Em sua universidade corporativa, trabalham hoje 600 pessoas, incluindo consultores e professores contratados em universidades brasileiras e até do exterior.

Em uma primeira leitura, a percepção é de que na Petrobras o investimento em educação corporativa traz resultados significativos. Em matéria de tecnologia de exploração de petróleo em águas profundas, não existe outra empresa com o conhecimento que ela reúne em sua equipe técnica. Foi graças ao conhecimento adquirido ao longo de décadas de investimento em pesquisa e educação que a Petrobras reuniu condições de explorar as reservas de gás e petróleo no pré-sal (cerca de 7km abaixo do leito do mar).

O sucesso da maior empresa do Brasil, segundo a revista *Exame* (500 maiores e melhores de 2011), confunde-se com a aposta de vencer desafios por meio da atividade contínua de educação corporativa. A história da empresa pode ser resumida da seguinte maneira:[2]

1954 a 1964 – nacionalização da mão de obra;
1965 a 1974 – transferência de tecnologia;
1975 a 1984 – adaptação tecnológica;
1985 a 1994 – desenvolvimento tecnológico; e
1994 a 2004 – gestão e internacionalização.

Não existe outra universidade corporativa desse porte no Brasil. A universidade corporativa da Petrobras é considerada uma das maiores e melhores do mundo, colecionando vários prêmios internacionais. O orçamento para treinamento dos seus 60 mil colaboradores só em 2008 foi de R$ 90 milhões; equivalente ao faturamento das maiores universidades do país. Na maior empresa brasileira, 7% do tempo disponível de cada empregado se destina a desenvolvimento e capacitação. Os números são impressionantes: em 2003, a empresa realizou cerca de 4,2 milhões de HHT. Foram 31 mil eventos de treinamento e desenvolvimento, o equivalente à carga horária de 10 mil MBAs.

Outro bom exemplo de educação corporativa de sucesso é a Valer – universidade corporativa da Vale. A Vale é a segunda maior mineradora diversificada do mundo em valor de mercado e tem mais de 100 mil funcionários, entre contratados e terceirizados. Líder mundial de produção e exportação de minério de ferro, em 2006, a Vale tornou-se uma das maiores produtoras de níquel do mundo com a aquisição da empresa canadense Inco.

Os desafios da educação na Vale são proporcionais ao tamanho da companhia, presente nos cinco continentes:

- dimensão e dispersão geográfica da Vale no mundo;
- diversidade cultural;
- excelência em gestão; e
- formação e desenvolvimento contínuo de seu capital humano.

A Valer foi criada em 2003 para ajudar a companhia a crescer de forma sustentável. Em 2004 e 2005, foram fundados os centros da Valer. Em 2006, ampliou-se o público-alvo dos programas e das ações educativas. Já 2007 marcou a fase da expansão internacional. Em 2008, teve início um novo modelo de gestão para as operações internacionais, com base no organograma que será apresentado na Figura 5.1 a seguir.

A estrutura organizacional da Valer mostra, de forma clara, a importância que a companhia dá ao processo de aprendizagem corporativa. Ela não revela o total empregado em educação, mas informa que o investimento cresceu oito vezes nos últimos anos. Cerca de R$ 56 milhões foram aplicados em infraestrutura nos centros de formação profissional nos estados do Pará, Minas Gerais, Espírito Santo e Maranhão, considerados áreas prioritárias para a Vale.

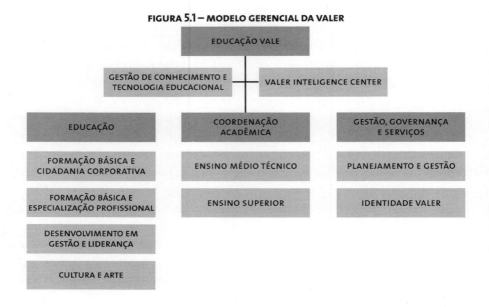

FIGURA 5.1 – MODELO GERENCIAL DA VALER

Fonte: Valer, 2008.

Convênios de formação profissional com instituições nacionais de níveis técnico e superior foram fechados, o que permitiu a certificação de 19 mil pessoas, principalmente nos estados do Pará, Minas Gerais, Espírito Santo e Maranhão, com aproveitamento de 60%.

A missão da Valer, explicitada no site da companhia,[3] é possibilitar às pessoas a geração de valor econômico com atitude sustentável. Sua visão é ser reconhecida como uma referência de excelência em educação, transformando conhecimento em resultado em negócios.

As práticas educativas da universidade corporativa da Vale seguem as quatro dimensões da aprendizagem propostas pela Unesco:

1. Aprender a conhecer.
2. Aprender a fazer.
3. Aprender a viver juntos.
4. Aprender a ser.

Já os princípios educacionais da companhia reforçam cada uma dessas dimensões:

Educação de adultos – os adultos somam novos significados a seus conhecimentos prévios, e não apenas absorvem conteúdos;
Desenvolvimento pessoal – o processo de aprendizagem deve ser promovido sem necessidade de constante intervenção formal;
Troca de experiências – a aprendizagem é encarada como uma troca constante, produto de interações; e
Foco nos resultados – a aprendizagem deve estar voltada a conteúdos que promovam o desenvolvimento de princípios da cidadania e que possam ir ao encontro das necessidades da empresa.

Os dados da Valer revelam, entre os processos de educação corporativa, de formação e gestão de uma liderança transformadora, uma interessante relação, que pode ser medida pelo preenchimento interno de vagas gerenciais: de 75%, em 2005, saltou para 91%, em 2007.
Outros indicadores alcançados pela Valer[4] em 2007:

* 912 ações de desenvolvimento em 10 áreas de conhecimento;
* 440 materiais didáticos produzidos;
* Revisão do Mapa da Mineração do Brasil;
* 3.800 participações em ações de educação continuada;
* 6 mil mecânicos e mil eletricistas formados pelo PNQC (Programa Nacional de Certificação e Qualificação) da Vale;
* 435 educadores internos formados;
* 224 participantes em comunidades de prática ativas;
* 400 conteúdos on-line ofertados; e
* 41 mil horas de capacitação virtual.

É preciso destacar que só foi possível alcançar esses resultados em decorrência da adesão da alta administração da companhia e do comprometimento da liderança com o processo de aprendizagem, como mostra o trecho de um discurso do ex-presidente da Vale, Roger Agnelli:

Nos próximos anos cresceremos ainda mais. Para isso, precisamos que nossos profissionais cresçam junto, busquem seu desenvolvimento, estabeleçam novos objetivos, adquiram experiência e conquistem novos conhecimentos. Queremos, cada vez mais, ser um time de talentos altamente qualificado, focado e dedicado. É o desafio de colocar a pessoa certa no lugar certo. Por isso, a CVRD [Companhia Vale do Rio Doce, atual Vale] é uma empresa diferenciada em relação a outras empresas justamente por causa do seu capital humano. Desde a sua criação, sempre investiu muito na preparação. Por essa razão, investimos na formação de quem realmente faz a diferença: as pessoas. Chegamos até aqui graças ao empenho de cada um e temos certeza de que, juntos, continuaremos a construir nossa história, que não por acaso, é de sucesso.

Acreditamos que as empresas são os principais atores da produtividade, transformando insumos em produtos dentro de uma função econômica que determina – e é determinada – pelo estado do conhecimento tecnológico. Presume-se que o conhecimento tecnológico possa ser alcançado e/ou incentivado por meio da educação corporativa. A acumulação de capital e a educação dão suporte ao progresso tecnológico (na verdade, são atores centrais e essenciais de todo o processo). Segundo Nelson, há, nas pesquisas sobre microeconomia, interação entre exploração dos conhecimentos obtidos e o aprendizado em si.

Apesar de a Petrobras e a Vale investirem muitos recursos físicos, financeiros e humanos na educação corporativa, o que se revela é uma grande lacuna entre a necessidade de mensurar os investimentos em programas de treinamento e o aumento da produtividade dessas organizações. É evidente que essa discussão não pode ser feita de forma simplista, subjetiva ou apenas calcada em dados empíricos; é preciso aprofundar essa questão, para que se possa medir se realmente esses investimentos trazem retorno no que diz respeito a aumento de produtividade, inovação, disseminação de melhores práticas...

Educação corporativa em xeque

Eram seis homens do Hindustão
Inclinados para aprender muito
Que foram ver o Elefante
(embora todos fossem cegos)
Que cada um por observação
Poderia satisfazer sua mente.

O Primeiro aproximou-se do Elefante
E aconteceu ao chocar-se
Contra seu amplo e forte lado
Imediatamente começou a gritar:
"Deus me abençoe, mas o Elefante é semelhante a um muro."

O Segundo pegando na presa (marfim),
Gritou: "Oh! O que temos aqui
Tão redondo, liso e pontiagudo?"
Para mim isso é muito claro
Esta maravilha de Elefante
É muito semelhante a uma lança

O Terceiro aproximou-se do animal
E aconteceu de pegar
A sinuosa tromba com as suas mãos
Assim, falou em voz alta:
"Vejo", disse ele, "o Elefante
é muito parecido com uma cobra".

O Quarto esticou a mão ansioso
E apalpou em torno do joelho.
"Com o que este maravilhoso animal
se parece é muito fácil", disse ele:
"Está bem claro que o Elefante
é muito semelhante a uma árvore."

O Quinto por acaso tocou a orelha
E disse: "Até um cego
Pode dizer com que ele se parece:
Negue quem puder,
Esta maravilha de Elefante
É muito parecido com um leque!"

O Sexto mal havia começado
A apalpar o animal,
Pegou na cauda que balançava
E veio ao seu alcance.
"Vejo", disse ele, "o Elefante
É muito semelhante a uma corda!"

E assim estes homens do Hindustão
Discutiram por muito tempo,
Cada um com a sua opinião
Essencialmente rígida e forte.
Embora cada um estivesse, em parte certo,
Todos estavam errados!

– JOHN GODFREY SAXE, 1816-1887
OS CEGOS E O ELEFANTE

A metáfora dos sábios cegos do Hindustão e o elefante ajuda a compreender a complexa e tênue fronteira dos programas de formação profissional. A questão é que muitos gestores e executivos ainda olham para esses programas com lentes tradicionais e conservadoras, do treinamento apenas como meio de transmissão de informações, e não como formação de competências profissionais essenciais para as organizações se manterem competitivas. Essa é uma maneira míope de encarar a educação corporativa e as novas possibilidades proporcionadas pelo aprendizado corporativo.

A visão de que a educação é terminal e pontual contradiz a necessidade de uma aprendizagem mais dinâmica, prática, que acompanhe a evolução, da economia, do mercado e da sociedade. Esse olhar estreito também não leva em conta duas máximas do mundo corporativo que alertam sobre o posicionamento corporativo: quem é o número 1 hoje não tem a menor garantia de continuar sendo o número 1 amanhã; o sucesso de ontem pode significar o fracasso de hoje e o de amanhã. É preciso estar atento aos novos rumos para os quais o mercado aponta e para as oportunidades e ameaças do ambiente de negócios. Em outras palavras, para se manter vivo em um cenário de incertezas, é necessário investir em pessoas. Aqui, o que se discute é a qualidade desse investimento.

Os programas de aprendizado e desenvolvimento descritos neste livro são evidências de um movimento que não se apresenta apenas como uma nova e atraente tendência de mercado, mas que deve ser encarado como uma grande oportunidade para que as organizações invistam melhor seus recursos em aprendizagem. Caso contrário, a possibilidade de assegurar vantagem competitiva sustentável, por meio da educação corporativa, não será alcançada.

O que não se ensina nas organizações é que conhecer é sinônimo de quantificar, e que aquilo que não pode ser medido é cientificamente irrelevante. Em outras palavras, constatamos que a ciência pode ajudar a encontrar respostas para questões de nosso dia a dia empresarial e, com base nessas respostas, será possível tomar melhores decisões. Concluímos que as boas informações, as relevantes – aquelas dotadas de utilidade, objetividade e clareza – e as prioritárias – que são recuperadas e disseminadas a tempo – invariavelmente geram boas decisões e ótimos resultados.

Apesar dos esforços, ainda se verifica uma preocupante precariedade, quanto à consistência, precisão e solidez, na elaboração dos indicadores de aprendizagem corporativos. Mesmo as maiores corporações não têm a cultura de avaliar de forma sistemática um panorama e a percepção dos funcionários em relação à efetividade das universidades corporativas.

Essa lacuna ainda está longe de ser solucionada de forma satisfatória. As metodologias divergem muito e não conseguiram avançar na superação desses desafios e na construção de indicadores que sejam representativos e tenham maior transparência, comparabilidade, confiabilidade e atualização. Além disso, os sistemas de avaliação esbarram em duas questões críticas: o tempo necessário para serem realizados (contra a pouca disponibilidade de tempo livre das equipes de recursos humanos) e a crença de que aprofundar as formas de avaliação é algo muito caro, e não vale a pena o investimento.

É preciso tomar muito cuidado com esses argumentos. Pesquisa recente sobre a efetividade do treinamento corporativo em uma instituição financeira canadense revelou um resultado impressionante: a participação nesses programas teve apenas modesta contribuição sobre a *performance* dos trabalhadores. Esses dados podem ser encontrados na pesquisa Participation in Corporate University Training: Its Effect on Individual Job Perfomance, de Lucie Morin e Stéfane Renaud. Mais alarmante ainda é o fato de se constatar que a educação e o conhecimento estão com prazos de validade cada vez mais curtos e que têm de ser atualizados sistematicamente, o que não é feito na maioria das organizações.

Para equacionar essa questão, será necessário enfrentar os grandes desafios de se medir o conhecimento e o aprendizado e superar as seguintes barreiras:

- a dificuldade de medir, de avaliar o intangível, quando se trata de motivação e dos interesses pessoais dos funcionários como fator decisivo para o sucesso dos programas de treinamento e capacitação;
- a impossibilidade encontrada e/ou levantada pelas organizações, a fim de aprofundar os níveis de avaliação;
- o entendimento de que o conhecimento não é autônomo e precisa ser em determinado contexto, pois apresenta especificidades não compatíveis com os critérios de avaliação das universidades tradicionais;
- as questões administrativas e culturais de ausência de uma metodologia de controle das próprias universidades corporativas;
- a resistência das próprias organizações em avaliar os próprios programas de treinamento; e
- a falta de visão sobre a necessidade de se mensurarem os resultados da educação corporativa e de uma política que respalde o valor da mensuração.

Essas razões nos levam a concluir que as organizações precisam adotar mais que apenas indicadores de *performance* organizacional; é necessário recorrer a um IDP que leve em conta os aspectos tangíveis, divididos em cinco níveis:

1. Rendimento: resultados, vantagens e benefícios em relação aos custos de formação.
2. Rentabilidade: faz referência ao ROI em educação de forma quantitativa, como aumento de vendas, crescimento de receita por empregado, participação de mercado...
3. *Performance*: de maneira geral, leva a ideia do resultado individual em relação a uma ação educativa.

4. Tempo: redução do tempo de resposta ao cliente, atendimento no prazo acordado com o cliente.
5. Qualidade: noção ligada à efetividade do desempenho organizacional (efetividade = eficácia + eficiência), atendimento aos padrões de qualidade esperados pelo cliente, redução de defeitos...

Leve também em conta a análise de variáveis intangíveis, como motivação, comprometimento, segurança, sentido de urgência e melhora no processo de comunicação.

O entendimento de que a avaliação não se deve resumir a um questionário no final de um evento é fundamental para se alterar o paradigma da avaliação. A implantação do IDP têm de ser considerada estratégica para os departamentos de Recursos Humanos e amparada pela alta direção das organizações. O IDP precisa ser visto como um sistema holístico que poderá sintetizar os indicadores mais relevantes para se mensurar o impacto do processo de aprendizagem na *performance* individual dos trabalhadores. Não há dúvida de que a aprendizagem ajuda na construção/aquisição de novos conhecimentos, mas não encontramos evidências suficientes que atestem que os programas de educação corporativa pesquisados gerem, de fato, e, de forma sistemática, melhores resultados organizacionais.

No período em que fizemos a pesquisa de doutorado que deu origem a este livro, atuei como professor em mais de 30 turmas de pós-graduação *lato sensu*, 50 turmas de graduação, algumas dezenas de cursos livres, palestras e seminários. Nos últimos 5 anos, calculo que falei para mais de 5 mil pessoas. Essa experiência prática, em salas de aula/auditórios de todo o Brasil, e o contato com profissionais de diversas áreas de conhecimento, tudo isso me permitiu pesquisar, de forma exploratória, algumas das questões abordadas neste livro.

Como consultor, tive a oportunidade de pesquisar práticas educativas em mais de trinta empresas. Os treinamentos analisados foram aplicados em organizações de todos os portes e ramos de atuação, como Petrobras, Banco do Brasil, BBTur, Correios, Michelin, Drogarias Pacheco, Inmetro, Funasa, Laboratórios Servier, Abbott e Roche, GH Telecom, Grupo Nera, Biotronik, Hospital de Olhos de Niterói, L'Oreal, Rolls-Royce, Eletronuclear, Light, Hotel Caesar Park, Tim, Oi, TV Globo e Bancorbras. Nesses programas de capacitação profissional, que totalizaram mais de quinhentas horas, com a participação de mais de mil pessoas, buscamos pôr em prática alguns dos conceitos e das questões debatidas nesta obra.

Em boa parte das empresas pesquisadas, percebe-se que a aprendizagem ocorre, de fato, fora da formação. Na prática corporativa, observa-se que as ações educativas não surtem efeito durante o período do treinamento que, em muitos casos, servem apenas como sensibilização para os novos objetivos a serem alcançados por cada colaborador, um tempo de "plantio" das sementes das novas competências necessárias.

O que pude perceber, na prática, é que o único instrumento de avaliação desses treinamentos e programas de capacitação era um questionário respondido ao final do evento ou alguns dias depois. É evidente que os questionários de satisfação são uma forma importante de se avaliar, mas não devem – nem podem – ser a única ferramenta de mensuração.

Nos contatos com profissionais e empresas, constatei uma série de problemas que interferem diretamente nos resultados da educação corporativa e que podemos dividir em dois grupos: estratégicos e operacionais. Entre as principais questões estratégicas, destaco:

- a falta de comprometimento da alta direção – dificuldade de se encontrar um *sponsor* (patrocinador), um padrinho, e de sensibilizar toda a organização;
- a prática, que faz com que os programas de educação corporativa sejam pontuais;
- a dificuldade de distinguir educação corporativa de um programa de treinamento tradicional;
- o foco exclusivo no desenvolvimento organizacional, esquecendo o desenvolvimento de competências comportamentais e informacionais (*information literacy*);
- a não adequação da metodologia e da forma de "entrega" do treinamento às necessidades reais da empresa (missão) e individuais dos participantes; e
- a complexidade de alinhar e integrar os objetivos da educação corporativa com os macro-objetivos e as estratégias do negócio.

Quanto aos aspectos operacionais, destaco:

- superposição e supervalorização de determinados conteúdos;
- abordagens e metodologia inadequadas (uso do EAD para reduzir custos);
- dificuldade em disseminar as melhores práticas gerenciais da empresa como forma de desenvolvimento e de reduzir a curva do aprendizado corporativo;
- apego aos paradigmas do "velho" departamento de Treinamento;
- um número excessivo de participantes (alguns eventos chegaram a ter mais de 400 participantes), com tempo inadequado para debate e troca de experiências;

- a utilização de ferramentas de educação a distância como única forma de capacitar os colaboradores;
- o uso insuficiente e ineficaz de casos adaptados à realidade da empresa ou do mercado de atuação;
- a não utilização de uma metodologia para otimizar o fluxo informacional;
- a incapacidade de planejamento pós-evento;
- a complexidade ou resistência em divulgar/disseminar os resultados obtidos (projetos, ideias etc.), inclusive para fornecedores, clientes e outros públicos da educação corporativa; e
- a ausência de indicadores de resultados/processos, vinculados às metas e aos objetivos institucionais.

Com base nessa experiência em treinamento nas universidades corporativas, bem como da convivência, por meio da pesquisa, com empresas brasileiras e estrangeiras que adotaram essa metodologia de capacitação profissional, foi possível estabelecer um fluxo dos programas de treinamento e desenvolvimento (T&D), o qual é representado na Figura C.1 a seguir, que representa o fluxo da educação corporativa.

Na pesquisa, identificamos oito *gaps* (lacunas) no processo de atendimento das organizações pesquisadas, os quais são apresentados a seguir.

Gap 1: Dificuldade de mapear e priorizar as demandas da empresa.

Gap 2: Desenvolvimento inadequado do serviço, pouca agilidade na resposta, não se traduzindo em atributos às reais expectativas do mercado e do público-alvo.

Gap 3: Falta de precisão nas informações disponibilizadas para as ações de comunicação.

Gap 4: Falha na comunicação das informações sobre o serviço aos canais de distribuição.

Gap 5: Distorção entre as informações fornecidas e a compreensão do público-alvo sobre o serviço.

Gap 6: Não conformidade da operação com as especificações definidas no projeto do serviço.

Gap 7: Distanciamento entre o valor percebido pelo cliente e a entrega do serviço.

Gap 8: Inadequação entre as competências adquiridas pelo cliente e as demandadas pelos segmentos de mercado.

FIGURA C.1 – FLUXO DA EDUCAÇÃO CORPORATIVA: MAPEAMENTO DE *GAPS*

Fonte: Starec, 2009. Grupo de Trabalho Senac Rio.

O mapeamento desses *gaps* permite uma análise qualitativa das lacunas existentes durante o processo de treinamento nas organizações. Os entrevistados apontam que esses problemas precisam ser conhecidos, analisados e corrigidos, a fim de não comprometerem todo o programa de T&D.

A educação corporativa é vista como estratégica para o desenvolvimento de competências essenciais que podem ajudar as organizações a atingir o resultado desejado, por meio do processo de ensino-aprendizagem. Fica claro, na Figura C.1, que o sucesso empresarial só é possível com o sucesso profissional.

O processo de educação corporativa deve ser contínuo e pode ser iniciado de duas formas: com base em uma demanda específica de determinado departamento, por exemplo, ou de uma necessidade corporativa, da empresa como um todo ou do próprio funcionário. Na maior parte das vezes, é o cliente interno, uma área específica, que solicita a capacitação para o departamento de Recursos Humanos ou diretamente para a universidade corporativa.

Cabe aos responsáveis pela universidade corporativa a escolha dos fornecedores que devem apresentar propostas para o programa de T&D profissional. A observação participativa em mais de 50 práticas educativas permitiu concluir que a opção por determinado fornecedor se deve a dois fatores principais: custo (valor do investimento) e competência (capacidade técnica e histórico da empresa), necessariamente obedecendo a essa ordem de importância.

A pesquisa realizada com empresas revelou que os programas de treinamento podem ser divididos em seis fases:

1. Escolha do fornecedor.
2. Diagnóstico (identificação dos problemas e das necessidades da área/empresa).
3. Planejamento (desenvolvimento do programa de T&D).
4. Validação (checagem final sobre o planejamento do programa de T&D).
5. Entrega (execução e operação do programa de treinamento).
6. Avaliação (checagem se o treinamento atingiu os objetivos planejados).

Após a escolha do fornecedor, o diagnóstico é feito sempre com a participação da área contratante e da equipe de Recursos Humanos. Essa etapa é considerada crítica, pois qualquer interpretação equivocada dos problemas organizacionais pode levar a um planejamento errado de todo o programa. No planejamento, delineia-se a metodologia a ser desenvolvida, com os métodos a serem empregados. Já na validação, todo o planejamento passa por um segundo crivo da área de Recursos Humanos e do cliente interno. Essa é uma etapa essencial, pois permite qualquer correção necessária. A penúltima fase, igualmente importante, é a entrega, a operação do programa de treinamento. É comum dar muita ênfase apenas a esse momento, o que se revela um grande erro, pois, se o diagnóstico não for benfeito, afetará todo o planejamento e a execução será de baixíssima qualidade na percepção dos participantes. A última fase, escopo dessa pesquisa, é a avaliação de todo o processo. Será que os objetivos foram plenamente alcançados?

Na pesquisa, fica evidente que, em primeiro lugar, as lideranças precisam apoiar e "apadrinhar" a educação corporativa. Em seguida, é fundamental que a empresa acredite no que está sendo ensinado e, por último, que a educação e as avaliações sejam contínuas.

Hoje, percebe-se uma enorme lacuna entre as competências necessárias para que um empregado possa executar de forma satisfatória suas funções diárias e as competências para as quais ele é recrutado. Um dos entrevistados chegou a dizer que essa lacuna chega a 60%. Outro ponto que merece destaque na visão dos respondentes é a existência de "feudos informacionais", que represam a informação.

A conclusão é a de que não existe uma única forma de mensuração dos programas de treinamento e capacitação profissional. Os critérios de avaliação também variam muito, de acordo com o grau de maturidade da empresa, no que se refere a treinamento e à própria cultura organizacional.

O que se constata é que a educação corporativa deve ser uma prática que envolva todos os funcionários da organização – do presidente ao *office boy*. Um ponto que merece destaque é que, para todos os entrevistados, a educação corporativa melhora o comprometimento dos empregados com a organização.

O aprender fora da formação, dos programas de treinamento e de capacitação profissional dá a clara noção de que a educação corporativa é um processo que tem começo e meio, mas não tem fim, pois a aprendizagem informal, que ocorre no dia a dia, é o conceito mais abrangente. Algumas organizações acreditam que podem controlar a maneira como os colaboradores aprendem e o conhecimento construído no processo, o que se mostra cada vez mais difícil de alcançar.

A educação e a comunicação são os alicerces em que a construção de uma sociedade baseada na informação, no conhecimento e no aprendizado está apoiada. Sendo o primeiro grau entendido como Ensino Básico e Fundamental, o segundo grau equivalente ao Ensino Médio e o terceiro grau correspondente ao Ensino Superior, hoje podemos classificar o quarto grau como sinônimo de Educação Continuada, quase uma filosofia, uma crença que norteia a necessidade de adquirir novos conhecimentos em uma sociedade em que o aprendizado não tem mais fronteiras.

No entanto, não foi possível, na pesquisa realizada, atestar de forma sistemática o impacto positivo dos crescentes investimentos em educação corporativa no resultado das organizações. Não se discute a relevância dos processos de educação continuada; o questionamento é se existe vínculo entre investimento em educação corporativa e aumento de produtividade nas organizações.

O objetivo neste livro não foi questionar o valor da educação corporativa na sociedade do aprendizado, mas, sim, levantar a questão da necessidade de mensurar continuamente os programas de treinamento, capacitação e desenvolvimento profissional, sob pena da perda de recursos, tempo e energia incalculáveis. Colocamos em xeque-mate, sim, a falta de um padrão, de um modelo ou mesmo de uma cultura de avaliação de mensuração de resultados do retorno do investimento em educação corporativa.

Interessante é que, ao terminar de escrever esta obra, fiquei com mais perguntas do que respostas, além de ter despertado para novas questões e para a necessidade de aprender mais, aprofundar a discussão, buscar respostas para esses problemas aqui levantados e para a possibilidade de aplicar, de fato, essas descobertas nas organizações.

A impressão que fica é que se deu um pequeno passo em uma longa caminhada pelas fronteiras ainda pouco desbravadas do aprendizado na sociedade da informação, do conhecimento e do aprendizado.

Não posso deixar de agradecer por ter compartilhado desta jornada de tantas perguntas, ainda sem respostas conclusivas, mas que traz um sem-número de oportunidades para todos os atores envolvidos na discussão. Fico com a sensação de ter contribuído para o aprofundamento do assunto, com a necessidade de haver maior aproximação entre a empresa e a escola.

> *O problema não é inventar. É ser inventado hora após hora*
> *e nunca ficar pronta nossa edição convincente.*

> – CARLOS DRUMMOND DE ANDRADE
> *CORPO*, 2010

notas

INTRODUÇÃO

1. A pesquisa foi divulgada na revista *Veja*, em 6 de maio de 2009. Acesso em 24 de julho de 2010, em http://veja.abril.com.br/noticia/brasil/universidades-corporativas-crescem-brasil.

2. "As 150 melhores empresas para se trabalhar", revista *Guia Você SA/Exame*, edição especial de 25 de agosto de 2008.

3. Neste livro, entendemos competitividade no sentido estritamente econômico; qualidade de quem tem a capacidade de competir com outros fornecedores, vendedores e mercados. É o ato de buscar uma vantagem para se diferenciar da concorrência e ganhar ou manter participação relativa nos mercados-alvo.

4. Esse pensamento é atribuído a Heráclito, filósofo grego que viveu há 2.500 anos. Nascido em Éfeso, cidade da Jônia, de família que ainda conservava prerrogativas reais (descendentes do fundador da cidade), Heráclito é por muitos considerado o mais eminente pensador pré-socrático, por formular com vigor o problema da unidade permanente do ser diante das possibilidades das mudanças. Estabeleceu a existência de uma lei universal e fixa (*o logos*), regedora de todos os eventos particulares e fundamento da harmonia universal, harmonia feita de tensões, como a do arco e da lira.

5. Segundo o Inep, do MEC, as instituições de educação superior brasileiras estão organizadas em: universidades, centros universitários, faculdades, institutos superiores ou escolas superiores e centros de educação tecnológica.

6. Essas estimativas foram divulgadas na abertura do Seminário Nacional sobre Educação Corporativa, realizado em junho de 2004, pela Fundação Getulio Vargas (FGV-RJ), e podem ser encontradas no livro *Educação corporativa no Brasil – Mitos e verdades* (Gente, 2004), pp. 47 e 63. Estima-se que existam 4 mil instituições de ensino superior nos Estados Unidos. Fonte: Meister, 1999.

7. Dados levantados pelo Censo da Educação Superior de 2009, divulgados pelo MEC e pelo Inep em dezembro de 2010: no Brasil, há 2.314 instituições de ensino superior, com 6.889.269 matrículas (acesso em 06 de agosto de 2011). Todos os dados do Censo da Educação Superior de 2009 estão disponíveis no portal do Inep – http://www.inep.gov.br/superior/censosuperior.

8. Essa projeção foi feita por vários pesquisadores, como o professor José Luís Brunner, da Fundação Chile.
9. Os dados são do Bureau of Labor Statistics (*Business Week*, 30 de setembro de 1996, p. 56).
10. Esses dados podem ser encontrados em Eboli (2004).
11. Para aprofundar essa questão, consulte Ferreira & Bastos (2000).
12. Pesquisa Disparidades Regionais ou Educacionais?, recuperada no site da FGV: http://epge.fgv.br/pt/files/1455.pdf. Acesso em 10 de outubro de 2008.

CAPÍTULO 1

1. Charles Robert Darwin (1809-1882) provavelmente foi o mais revolucionário biólogo e naturalista. Esse cientista britânico fundou as bases da teoria moderna da evolução, com seu conceito do desenvolvimento de todas as formas de vida. Darwin mudou todo o pensamento moderno em geral. Em seu livro de 1859, *A origem das espécies* (do original, em inglês, *On the Origin of Species by Means of Natural Selection, or The Preservation of Favoured Races in the Struggle for Life*), ele introduziu a ideia de evolução a partir de um ancestral comum, por meio de seleção natural. Esta se tornou a explicação científica dominante para a diversidade de espécies na natureza. Fonte: *Darwin – A origem das espécies por meio da seleção natural*.

2. Karl Heinrich Marx foi herdeiro da filosofia alemã, considerado, ao lado de Kant e Hengel, um de seus grandes representantes. Foi um dos maiores pensadores de todos os tempos, com produção teórica com a extensão e a densidade de Aristóteles, de quem era admirador. Em pesquisa recente da rádio BBC de Londres, Karl Marx foi votado como o maior filósofo de todos os tempos. A grande obra de Marx é *O capital*, em que trata de fazer uma extensa análise da sociedade capitalista. É predominantemente um livro de Economia Política, mas não só; nessa obra, Marx aborda desde economia até sociedade, cultura, política, filosofia. Fonte: *Dicionário do pensamento marxista* (Jorge Zahar, 2001).

3. Domenico de Masi argumenta que os *brain workers* (trabalhadores do conhecimento) desempenham papel central na sociedade pós-industrial, marcada por cinco aspectos: 1. passagem da produção de bens para a economia de serviços; 2. preeminência da classe dos profissionais e dos técnicos; 3. caráter central do saber teórico, gerador de inovação e das ideias diretivas nas quais a coletividade se inspira; 4. gestão do desenvolvimento técnico e o controle normativo da tecnologia e 5. criação de uma nova tecnologia intelectual. Entretanto, foi Peter Drucker quem pela primeira vez cunhou o termo *trabalhador do conhecimento*, em um artigo que escreveu, na década de 1960.

// NOTAS //

4. Daniel Bell, professor de Sociologia da Universidade de Harvard, usou o termo em 1959 e, em 1973, popularizou-o em seu livro *The Coming of Post-Industrial Society*. O predomínio do trabalhador do conhecimento já fora previsto por Spencer, em 1882, por Veblen, em 1899, por Tawney, em 1920, e por Clark, em 1940.

5. Helena Lastres, autora que pesquisa o viés econômico dessa questão, ressalta: "Informação e conhecimento sempre tiveram sua importância reconhecida nas análises econômicas mais cuidadosas." O político inglês Benjamim Disraeli, que viveu no século XIX, defendia que o acesso à informação era vital para o sucesso de qualquer pessoa. Mas será que hoje adianta apenas ter acesso à informação?

6. Al Ries é autor de vários livros, entre eles *Posicionamento: a batalha pela sua mente*. 7ª ed. São Paulo: Pioneira Administração, 1997.

7. Fonte: Santos, Raimundo Nonato Macedo dos. *Ambientes de informação e serviços de extensão em bibliotecas universitárias*. Recife – XII SNBU, 2002.

8. Material sobre estatísticas acerca de internet no Brasil e no mundo pode ser encontrado em www.e-commerce.org.br/STATS.htm#D. Fonte: http://www. internetworldstats.com, acesso em julho de 2010, e institutos diversos.

9. Santo Graal, ou Santo Gral, é uma expressão medieval que designa normalmente o cálice usado por Jesus Cristo na Última Ceia. Ele está presente nas narrativas do Ciclo Arturiano e é objeto da busca dos Cavaleiros da Távola Redonda, pela capacidade única do cálice de devolver a paz ao reino de Artur. No entanto, em outra interpretação, ele designa a descendência de Jesus, segundo a lenda, ligada à dinastia Merovíngia. Nessa versão, Santo Graal significaria Sangreal, ou seja, Sangue Real. Finalmente, também há uma interpretação em que ele é a representação do corpo de Maria Madalena, a suposta esposa de Jesus e sua herdeira na condução da nova religião. Essa última ideia foi explorada recentemente pelo livro *O código da Vinci* (Sextante, 2004), de Dan Brown. Fonte: *O Santo Graal e a linhagem sagrada*, de Michael Baigent, Richard Leigh, Henry Lincoln, publicado pela Nova Fronteira, 1993, 408 pp.

10. Esse caso foi narrado no artigo "Armadilha da conversa inteligente", no livro *Aprendizagem organizacional* (Campus/Elsevier, 2001), p. 30.

11. Colaborador é uma terminologia mais adequada e valorizada sob aspectos empresariais para a definição dos recursos humanos de determinada organização, dos funcionários ou empregados.

CAPÍTULO 2

1. Lester Thurow, ex-reitor da Sloan School of Management, do MIT. Discurso "The State of American Competitiveness and How It Can Be Improved", 1990, p. 14.
2. O artigo "Informação no sistema japonês de inovação no nível das organizações individuais", de Helena Lastres, foi publicado na revista *Ciência da Informação*, v. 25, nº 3, 1996.
3. *Benchmarking* pode ser definido como a busca por um padrão. Essa é uma prática empresarial muito utilizada quando se quer definir um modelo de atuação que pode ser encontrado dentro da própria empresa, em empresas do mesmo ramo de atuação ou em empresas de classe mundial.
4. A Diversidade Cultural, a Estrutura e o Fluxo de Informação, conferência de encerramento do Encontro Nacional de Pesquisa em Ciência da Informação (Enancib), 2008.

CAPÍTULO 3

1. Vários autores de marketing têm-se dedicado à pesquisa e à interpretação dos escritos atribuídos a Sun Tzu. Ele é considerado um dos maiores estrategistas orientais, em uma época em que o império chinês estava envolvido em constantes conflitos militares. Os ensinamentos de Sun Tzu são adaptados como mandamentos de estratégia para empresários do mundo inteiro.
2. Shapiro e Varian argumentam que a "riqueza da informação" gera a "pobreza da atenção" ao classificar os aspectos econômicos da atenção. A frase é atribuída ao ganhador do prêmio Nobel de Economia, Herbert Simon. A questão central para os autores não é o acesso à informação, mas sua sobrecarga. O valor produzido por um fornecedor de informação estaria em localizar, filtrar e comunicar o que é útil para o consumidor. Albagli visualiza uma nova ordem informacional que contribui para moldar um novo padrão sociotécnico-econômico.
3. Barreto tem vários textos sobre o tema. Um dos mais significativos é "A questão da informação", que aborda a condição da informação como instrumento de transformação do homem e de seu meio.
4. Segundo Prussak, informação dá origem a mais informação e conhecimento e, por sua vez, a mais conhecimento.
5. Foi esse mesmo princípio que W. Chan Kim usou para escrever o livro *A estratégia do oceano azul*. Kim defende que as empresas precisam sair do oceano vermelho da competição predatória e encontrar o oceano azul, tornando a concorrência irrelevante. Bruce Henderson, em *Estratégia: a busca por vantagem competitiva* (Campus/Elsevier, 1998), argumenta que a competição existiu muito antes da estratégia. Começou com o aparecimento da própria vida.

// NOTAS //

6. A estimativa foi feita por Yuexiao (1988), em um artigo sobre as definições sobre Ciência da Informação, e pode ser encontrada também na dissertação de Vânia Lúcia da Cunha Pereira, apresentada ao Programa de Pós-Graduação em Ciência da Informação (Convênio CNPq/IBICT-UFRJ/ECO, 1994, p. 37).

7. Essa definição está disponível no texto "A transferência da informação para o conhecimento". Acesso em 6 de janeiro de 2009 em http://extralibris.org/ci/2008/artigos-sobre-ciencia-da-informacao.

8. Davenport usou o argumento de Nonaka para ressaltar a dificuldade de se transferir conhecimento entre pessoas ou grupos. Nonaka define agentes e propõe modelos de criação do conhecimento no livro *Criação de conhecimento na empresa: como as empresas japonesas geram a dinâmica da inovação*. Rio de Janeiro: Campus/Elsevier, 1997.

9. Por relevância, entendemos a informação que agrega valor, de grande conveniência ou interesse, que está inserida no contexto da tomada de decisão como um fator decisivo. Segundo o *Dicionário da língua portuguesa* (Nova Fronteira, 1999), relevante é aquilo que importa ou é necessário; é o que ressalta, que sobressai, saliente ou proeminente. Na definição de Barreto, relevância é tudo aquilo que tem a condição de utilidade, que é a qualidade das coisas materiais e imateriais em satisfazer necessidades.

10. Drucker, Peter F. "O advento da nova organização". *Gestão do conhecimento* (Harvard Business Review). Rio de Janeiro: Campus/Elsevier, 2000.

11. A origem da universidade corporativa da GM, anterior à da GE, é contada no artigo "Participation in Corporate University Training: Its Effect on Individual Job Performance", de Lucie Morin e Stéphane Renaud (2004).

12. Obsolescência programada, segundo Kotler, é uma ação deliberada do produtor com o propósito de induzir a compra de novos modelos; é a forma que as organizações têm para se manter competitivas na Era da Informação.

13. Essa empresa inglesa é especialista na avaliação de marcas e promove um ranking das marcas mais valiosas do planeta, liderado pela Coca-Cola, avaliada em US$ 70 bilhões. Fonte: http://www.interbrand.com/best_global_brands.aspx?langid=1000. Acesso em 16 de janeiro de 2009.

14. Esses dados são da própria 3M. Fonte: www.3m.com.

15. Fonte: Inep/MEC – Censo Escolar e do IBGE.

16. Esses dados foram recuperados do livro *Gestão do conhecimento* (Negócio Editora, 2000), com base em um levantamento feito pelo autor, José Cláudio Cyrineu Terra.

17. Consulte Caro, Paul. *A roda das ciências*. Lisboa: Instituto Piaget, 1993, p. 20.

18. *Idem*.

19. Terminologia utilizada em propaganda para panfletos institucionais (*folders* e *flyers* – lâminas) e galhardetes (*banners*). Na internet, os *banners* são classificados como os pequenos anúncios que aparecem nas páginas.

20. Consulte Weil, Pierre e Tompakow, Roland. *O corpo fala*. Petrópolis: Vozes, 1998.

21. Essa pesquisa foi recuperada do livro *O oitavo hábito*, de Stephen Covey, pp. 4-5.

22. A pesquisa foi divulgada no Congresso Internacional de Marketing, realizado junto com a I Expo Management em São Paulo, entre 3 e 5 de novembro de 2001.

23. Essa música foi composta por Antonio Candeia Filho. Candeia nasceu em 1935 e morreu em 1978. O compositor morreu aos 43 anos, mas criou proficuamente e deixou uma obra que o levou a ser considerado um mito da resistência cultural brasileira. A criação da escola de samba Quilombo, em meados da década de 1970, é o exemplo maior de sua identificação e militância na área. Até hoje, o compositor é um dos grandes nomes no panteão da Portela. Fonte: *Revista da Música Brasileira*. Acesso em 6 de janeiro de 2009 em http://www.interligar.com.br/publique/cgi/cgilua.exe/sys/start. htm?UserActiveTemplate=_templateRMB&infoid=288&sid=7.

24. Domenico de Masi faz essa analogia no livro *Ócio criativo* (Sextante, 2001). Peter Drucker foi o primeiro a cunhar o termo "trabalhador do conhecimento", em artigos publicados em 1966.

25. Essas referências podem ser encontradas em Davenport, Thomas H. *Ecologia da informação*. São Paulo: Futura, 1998.

26. O documento "Preparing for the Revolution: Information Technology and the Future of the Research" está disponível em http://books.nap.edu/books/ 030908640X/html/index.html.

27. Consulte Freire, pp.12-13.

28. Consulte Bush, *As we may think* [Como nós pensamos], que aponta os problemas decorrentes do volume e do valor e da informação liberada após a Segunda Guerra Mundial. Veja também o conceito em Barreto, 2002, e em Gomez, 1995.

29. Meadows faz uma interessante análise da história da comunicação científica.

30. Essa frase é atribuída a Chacrinha – um dos maiores comunicadores da televisão brasileira.

31. Alvin Tofler é um dos mais respeitados "gurus" da administração nos Estados Unidos.

32. Philip Kotler é um dos autores que mais se tem dedicado a abordar a informação estratégica nas organizações.

CAPÍTULO 4

1. Esses dados podem ser encontrados em Mintzberg, 2006, e Kaplan, 2004, p. 5.
2. Consulte também Freire, pp. 14 e 31-32.
3. A expressão *information literacy* surgiu, pela primeira vez, em 1974, em um relatório intitulado "The information service environment relationships and priorities", de autoria do bibliotecário americano Paul Zurkowski.

CAPÍTULO 5

1. Esses dados podem ser encontrados na revista *Exame* – "500 maiores e melhores", julho de 2008, pp. 148-154, e no site do MEC – www.inep.gov.br, acesso em 6 de agosto de 2011.
2. Esses dados podem ser encontrados no capítulo "A experiência da Petrobras", do livro *Educação corporativa: desenvolvendo e gerenciando competências*. Organizado por Fátima Bayma (2005).
3. O site da Vale (http://www.vale.com.br) foi acessado em 5 de fevereiro de 2009.
4. Os dados referentes à Valer foram recuperados da apresentação de Ana Claudia Freire, gerente de Gestão do Conhecimento da Vale, sobre a Educação Corporativa da Vale, durante o I Encontro de Educação Corporativa promovido pelo Senac Rio, em outubro de 2008.

referências bibliográficas e webgrafia

Nesta seção, apresenta-se uma série de referências bibliográficas, mais precisamente as referências a artigos de periódicos e livros consultados para a pesquisa e uma webgrafia, que aborda os sites de maior interesse para este livro.

I. REFERÊNCIAS BIBLIOGRÁFICAS

ARANHA, Maria Lúcia de Araújo. *História da educação e da pedagogia: geral e Brasil.* São Paulo: Moderna, 2006.

ARAÚJO, Vânia Rodrigues Hermes. *Sistemas de recuperação da informação: nova abordagem teórico-conceitual.* Tese (Doutorado em Ciências da Informação) – Programa de Pós-Graduação em Ciência da Informação convênio CNPq/ IBICT-UFRJ/ECO, Escola de Comunicação. Rio de Janeiro: Universidade Federal do Rio de Janeiro, 1994.

ARENDT. Hannah. *A condição humana.* Rio de Janeiro: Forense Universitária, 10. ed. 2005.

BARNETT, Ronald. *A universidade em uma era de supercomplexidade.* São Paulo: Anhembi Morumbi, 2005.

BAUER, Martin W.; GASKELL, George. *Pesquisa qualitativa com texto, imagem e som: um manual prático.* Petrópolis: Vozes, 2002.

BARRETO, Aldo. "O rumor do conhecimento". *São Paulo em Perspectiva.* São Paulo: Fundação Seade, 1999.

_____. "A questão da informação". *São Paulo em Perspectiva.* São Paulo: Fundação Seade, 1994.

_____. "A condição da informação". *São Paulo em Perspectiva*. São Paulo: Fundação Seade, 2002. Disponível em < http://www.aldobarreto.name >. Acesso em 27 de junho de 2007.

BAYMA, Fátima (org.). *Educação corporativa: desenvolvendo e gerenciando competências*. Rio de Janeiro: Pearson e FGV, 2005.

BELKIN, N.J. "Information concepts of information for information science", *Journal of Documentation*, v. 34, 1978.

BELL, Daniel. *The coming of post-industrial-society*. Nova York: Basic Books, 1973.

BEUPRÉ, Daniel. *Rapport de recherce (Observation des tendances en matière d'avaluation du rendement de la formation en enterprise)*. Montreal: Université du Quebéc, 2007.

BORKO, H. "Information Science: What is it?". *American Documentation*, v. 19, n. 1, jan./mar. 1968.

BOUTEILLER, Dominique; COSSETTE, Michel. *Rapport de recherce (Apprentissage, transfert, impact: une exploration de effects de la ormation dans de secteur du commerce de detail)*. École des Hautes Études Commerciales de Montréal (HEC), 2007.

BOTTOMORE. Tom. *Dicionário do pensamento marxista*. Rio de Janeiro: Zahar, 2001.

BRAGA, Fabiane; GOMES, Elisabeth. *Inteligência competitiva: como transformar informação em um negócio lucrativo*. Rio de Janeiro: Campus/Elsevier, 2001.

BRASIL. Decreto 2.494, 10 de fevereiro de 1998. Artigo 80 da LDB (Lei de Diretrizes Base para Educação 9.394/96). *Diário Oficial da República Federativa do Brasil*, de 11 de fevereiro de 1998.

BRIDGES, William. *Um mundo sem empregos: os desafios da sociedade pós-industrial*. São Paulo: Makron Books, 1995.

BORGES, Jorge Luis. *O Aleph*. São Paulo: Editora Globo, 2005.

BURKE, Peter. *Uma história social do conhecimento: de Gutenberg a Diderot*. Rio de Janeiro: Zahar, 2003.

BURKE, Peter; BRIGGS, Asa. *Uma história social da mídia: de Gutenberg à Internet*. Rio de Janeiro: Zahar, 2004.

CAMBI, Franco. *História da pedagogia*. São Paulo: Unesp, 1999.

CARO, Paul. *A roda das ciências: do cientista à sociedade, os itinerários do conhecimento*. Lisboa: Instituto Piaget, 1993.

CASTELLS, Manuel. "A revolução da tecnologia da informação." In:_____. *A sociedade em rede*. São Paulo: Paz e Terra, 1999, Cap. 1 (A Era da Informação, v. I).

CARNEIRO, Maria de Assumpção Telles. *A informação e sua dimensão corporativa: a cultura organizacional face à política de informação*. Dissertação

(Mestrado em Ciências da Informação). Programa de Pós-Graduação em Ciência da Informação. Campinas: Pontifícia Universidade Católica, 2004.

CHIAVENATO, Idalberto. *Introdução à teoria geral da administração.* 4. ed. São Paulo: Makron Books, 1993.

CHIAVENATO, Idalbert; SAPIRO, A. *Planejamento estratégico: fundamentos e aplicações.* Rio de Janeiro: Campus/Elsevier, 2004.

COVEY, Stephen, R. *O oitavo hábito: da eficácia à grandeza.* Rio de Janeiro: Campus/Elsevier, 2005.

DARWIN, Charles R. *A origem das espécies.* Tomo I. São Paulo: Escala, 2007, v. 33 (Coleção Grandes Obras do Pensamento Universal)

DAVENPORT, Thomas. *Ecologia da informação.* São Paulo: Futura, 2001.

DAVENPORT, Thomas; BECK, John C. *A economia da atenção.* Rio de Janeiro: Campus/Elsevier, 2001.

DAVENPORT, Thomas; PRUSAK, Laurence. *Conhecimento empresarial: como as organizações gerenciam o seu capital intelectual.* Rio de Janeiro: Campus/ Elsevier, 1998.

DEL ROIO, Marcos (org.). *A universidade entre o conhecimento e o trabalho.* São Paulo: Unesp, 2005.

DINSMORE, Paul Campbell (org). *Teal: Treinamento Experencial ao Ar Livre: uma revolução no treinamento empresarial.* Rio de Janeiro: Editora Senac Rio, 2004.

DERTROUZOS, Michael. *O que será: como o novo mundo da informação transformará nossas vidas.* São Paulo: Companhia das Letras, 1998.

DRUCKER, Peter F. "O advento da nova organização", In: HARVARD BUSINESS REVIEW. *Knowledge Management.* Rio de Janeiro: Campus/Elsevier, 2000.

DRUSIAK, Elizabeth Adriana. "Information literacy: princípios, filosofia e prática". *Ciência da Informação,* v. 32, n.1, Brasília jan./abr. 2003. Disponível em Scielo http://www.scielo.br/scielo.php. Acesso em 10 de março de 2009.

EBOLI, Marisa. *Educação corporativa no Brasil: mitos e verdades.* São Paulo: Gente, 2004.

FÁVERO, Maria de Lourdes. *Universidade do Brasil: das origens à construção.* Rio de Janeiro: Editora UFRJ, 2000.

FERREIRA, F.H.G.; BARROS, R.P.D. "La educación y la distribuición del ingreso en el Brasil urbano, 1976-1996", *Revista de La Cepal,* 71, 2000. Disponível em <http://www.eclac.cl/cgibin/getProd.asp?xmal=/agrupadores_xml/aes18. xmnal&xsl=/agrupadores_xml/a181.xsl>. Acesso em 11 de junho de 2007.

FREIRE, Isa Maria. *Transferência da informação tecnológica para produtores rurais: estudo de caso no Rio Grande do Norte.* Dissertação (Mestre em Ciência da Informação) – Programa de Pós-Graduação em Ciência da Informação convênio CNPq/IBICT-UFRJ/ECO, Escola de Comunicação. Rio de Janeiro: Universidade Federal do Rio de Janeiro, 1987.

_____, "A responsabilidade social da Ciência da Informação na perspectiva da consciência possível". Rio de Janeiro: *DataGramaZero*, v. 5, n. 1, fev. 04.

FREITAS, Maria do Carmo Duarte. *Educação corporativa: um método de apoio à decisão para implantação nas organizações empresariais*. Tese (Doutorado em Engenharia) – Programa de Pós-Graduação em Engenharia e Gestão do Conhecimento, Florianópolis: Universidade Federal de Santa Catarina, 2003.

FREIRE, Paulo. *Educação e mudança*. 28. ed. São Paulo: Paz e Terra, 2005.

_____. *A pedagogia da libertação*. São Paulo: Unesp, 2001.

_____. *A pegagogia da tolerância*. São Paulo: Unesp, 2004.

_____. *A pedagogia do oprimido*. 41. ed. São Paulo: Paz e Terra, 2005.

GATES, Bill. *A empresa na velocidade do pensamento*. São Paulo: Companhia das Letras, 1999.

GARVIN, David A. "Construindo a organização que aprende". In: HARVARD BUSINESS REVIEW. *Knowledge Management*, Rio de Janeiro: Campus/Elsevier, 2000.

GEUS, A. *A empresa viva: como as organizações aprendem a prosperar e se perpetuar*. Rio de Janeiro: Campus/Elsevier, 1998.

GIANNETTI, Eduardo. *Felicidade*. São Paulo: Companhia das Letras, 2003.

GOLDMANN, L. "Importância do conceito de consciência possível para a informação". In: *O conceito de informação na ciência contemporânea: colóquios filosóficos de Royaumont*. São Paulo: Paz e Terra, 1970.

GONZÁLEZ de GÓMEZ, Maria Nélida. "Da organização do conhecimento às Políticas de Informação". *Informare: Cadernos do Programa de Pós-Graduação em Ciência da Informação*, Rio de Janeiro: v. 2, n. 2, pp. 58-66, jul./dez. 1996.

_____. "O caráter seletivo das ações de informação". *Informare: cadernos do Programa de Pós-Graduação em Ciência da Informação*. Rio de Janeiro, v. 5, n. 2, pp. 7-30, jul./dez. 1999.

_____. "Metodologia da pesquisa no campo da ciência da informação". Rio de Janeiro: *Datagramazero*, v. 1, n. 6, dez. 2000.

_____. "Novas fronteiras tecnológicas das ações de informação: questões e abordagens", *Revista Ciência da Informação*, v. 33, n. 1, 2004. Disponível em http://www.ibict.br/cienciadainformacao. Acesso em 27 de junho de 2004.

HAMEL, Gary; PRAHALAD, C.K. *Competindo pelo futuro*. Rio de Janeiro: Campus/Elsevier, 1995.

HARVARD BUSINESS REVIEW BOOK. *Comunicação eficaz na empresa: como melhorar o fluxo de informação para tomar decisões corretas*. Rio de Janeiro: Campus/Elsevier, 1993.

HARVARD BUSINESS REVIEW BOOK. *Estratégia: a busca da vantagem competitiva.* Rio de Janeiro: Campus/Elsevier, 1998.

HARVARD BUSINESS REVIEW BOOK. *Aprendizagem organizacional.* Rio de Janeiro: Campus/Elsevier, 2006.

HARVEY, David. *A condição pós-moderna: uma pesquisa sobre as origens da mudança cultural.* São Paulo: Ed. Loyola, 2002.

HOBSBAWN, Eric. "A era dos extremos". In:_____. *O breve século XX: 1914-1991.* São Paulo: Companhia das Letras, 1995.

HOLANDA, Aurélio Buarque de. *Dicionário da língua portuguesa.* São Paulo: Nova Fronteira, 1999.

HONORÉ, Carl. *Devagar, como um movimento mundial está desafiando o culto da velocidade.* Rio de Janeiro: Record, 2005.

JAPIASSU, Hilton. *Interdisciplinaridade e patologia do saber.* Rio de Janeiro: Imago, 1976 (Série Logoteca).

KAPLAN, Robert; NORTON, David. *Strategy-Focused Organization: how balanced scorecard companies thive businesss environment.* Massachusetts: Harvard Business Scholl Press, 2001.

_____. *Mapas estratégicos: convertendo ativos intangíveis em resultados tangíveis.* Rio de Janeiro: Campus/Elsevier, 2004.

KERJEAN, Alain. *L'apprentissage par l'experience.* Paris: ESF, 2006.

KIM, D.H. "O elo entre a aprendizagem individual e a aprendizagem organizacional" In: KLEIN, D.A. *A gestão estratégica do capital intelectual.* Rio de Janeiro: Qualitymark, 1998.

KIM, W. Chan; MAUBORGNE, Reneé. *A estratégia do oceano azul.* 15. ed. Rio de Janeiro: Campus/Elsevier, 2005.

KIRKPATRICK, D. *Evaluating training programs: the four levels.* São Francisco: Berett Koehler, 1998.

KONDO, Edson Kenji. "Desenvolvendo indicadores estratégicos em ciência e tecnologia: as principais questões", *Ciência da Informação.* Brasília, v. 27, n. 2, pp. 128-133, maio-agosto 1998.

KOTLER, Philip. *Marketing para serviços profissionais.* São Paulo: Manole, 2002.

KOTLER, Philip; CASLIONE, John. *Vencendo no caos.* Rio de Janeiro: Campus/ Elsevier, 2009.

KOURGANOFF, Wladimir. *A face oculta da universidade.* São Paulo: Unesp, 1990.

KRAUSE, Donald G.; Sun Tzu. *A arte da guerra para os executivos.* São Paulo: Makron Books, 1996.

KUHN, Thomas. *A estrutura das revoluções científicas.* São Paulo: Perspectiva, 1978.

LACAILE, Sylvain; ARDOUIN, Thierry. *L'Audit de Formation.* Paris: Dunod, 2005.

LANCASTER, F.W. "Acessibilidade da informação na pesquisa científica em processo", *Ciência da Informação*, Brasília, v. 4, n. 20, pp. 109-117, 1975.

LANDIER, Hubert. *L'université d'entreprise*. Paris: Liaisons, 2000.

LA SOCIEDAD DE LA INFORMATION EN ESPAÑA. Madrid: Fundación Telefónica, 2005.

LASTRES, Helena M.M. "A Importância da Informação no Sistema Japonês de Inovação", *Ciência da Informação*, v. 25, n. 3, 1996.

LASTRES, Helena M.M.; ALBAGLI, Sarita. *Informação e globalização na era do conhecimento*. Rio de Janeiro: Campus/Elsevier, 1999.

LEIGH, Richard; LINCON, Henry; BAIGENT, Michael. *Santo Graal e a linhagem sagrada*. São Paulo: Nova Fronteira, 1983.

LÉVY, Pierre. *O que é o virtual?*. São Paulo: Editora 34, 1996.

____. *Tecnologias da inteligência*. São Paulo: Editora 34, 1997.

____. *As árvores de conhecimentos*. São Paulo: Escuta, 1995.

LIBANEO, Jose Carlos. *Pedagogia e pedagogos para quê?* 8. ed. São Paulo: Cortez, 2005.

LYYTINIEN, K. "Two views of information modeling", *Information and Management*, n. 12, pp. 9-19, 1987.

LOVELOCK, Christopher. *Services Marketing*. New Jersey: Prentice Hal, 1996.

LOJKINE, Jean. *A revolução informacional*. São Paulo: Cortez, 1999.

MARCONI, Marina de Andrade; LAKATOS, Eva Maria. *Metodologia científica*. 3. ed. São Paulo: Atlas, 2000.

MASI, Domenico de. *A sociedade pós-industrial*. São Paulo: Editora Senac São Paulo, 1999.

McGARRY, Kevin. *O contexto dinâmico da informação*. Brasília: Briquet de Lemos, 1999.

MEISTER, J.C. *Educação corporativa: a gestão do capital intelectual através da universidades corporativas*. São Paulo: Makron Books, 1999.

MEADOWS, A.J. *A comunicação científica*. Brasília: Briquet de Lemos, 1999.

MINTZBERG, Henry; AHLSTRAND, Bruce; LAMPEL, Joseph. *Safári de estratégias: um roteiro pela selva do planejamento estratégico*. São Paulo: Bookman, 2006.

MONTEIRO, C. *Universidades corporativas e universidades tradicionais: a migração de créditos*. Disponível em: <www.institutomvc.com.br>. Acesso em 2 de junho de 2007.

MORIN, Lucie; RENAUD, Stéphane. "Participation in Corporative University Training: its effect on individual job performance", *Canadian Journal of Administrative Science*. 2004.

NEGROPONTE, Nicholas. *A vida digital*. 2. ed. São Paulo: Companhia das Letras, 1997.

NELSON, Richard R. *As fontes do crescimento econômico*. Campinas: Unicamp, 2006.

NEWSTROM, John. *Comportamento organizacional: o comportamento humano no trabalho*. São Paulo: McGraw-Hill, 2008.

NONAKA, Ikujiro; TAKEUCHI, Sirkka. *Criação de conhecimento na empresa*. Rio de Janeiro: Campus/Elsevier, 1998.

PALMEIRA, Cristina Gomes. *ROI de treinamento: sistemas de mensuração*. Rio de Janeiro: Qualitymark, 2004.

PEREIRA, Vânia Lúcia da Cunha. *Sistemas de redução da informação: uma (IR) recuperação metodologicamente configurada*. Dissertação (Mestrado em Ciência da Informação) – Programa de Pós-Graduação em Ciência da Informação, convênio CNPq/IBICT-UFRJ/ECO, Escola de Comunicação. Rio de Janeiro: Universidade Federal do Rio de Janeiro, 1994.

PINHEIRO, Lena Vânia Ribeiro. "Processo evolutivo e tendências contemporâneas da Ciência da Informação". *Ciência da Informação*, Brasília, 2006.

_____. *Pilares conceituais para mapeamento do território epistemológico da Ciência da informação: disciplinaridade, interdiciplinaridade, transdisciplinaridade e aplicações*. Fortaleza: IBICT/MCT, 2006.

PINHEIRO, Lena Vânia Ribeiro (org.). *Ciência da Informação: ciências sociais e interdisciplinaridade*. Brasília:IBICT/DDI/DEP, 1999.

PINHEIRO, Lena Vânia Ribeiro; LOUREIRO, J.M. "Traçados e limites da Ciência da Informação". *Ciência da Informação*, Brasília, v. 24, n. 1, 1995. Disponível em: < http://www.ibict.br/cionline>. Acesso em 1º de junho de 2007.

PFEFFER, Jeffrey; SUTTON, Robert. "A armadilha da conversa inteligente". In: HARVARD BUSINESS REVIEW. *Aprendizagem organizacional*. Rio de Janeiro: Campus/Elsevier, 2001.

PHILLIPS, J.J. *Handbook of training evaluation and measurement methods*. Houston: Gulf, 1996.

_____. *Return on investment in training and performance improvement programs*. Houston: Gulf, 1997.

PORTER, M.E. *Vantagem competitiva*. Rio de Janeiro: Campus/Elsevier, 1989.

PRAHALAD, C.K.; HAMEL, Gary. *Competindo pelo futuro*. Rio de Janeiro: Campus/ Elsevier, 1995.

PRUSAK, Laurence; McGEE, James. *Gerenciamento estratégico da informação*. Rio de Janeiro: Campus/Elsevier, 1994.

RODAS, S.P. "Considerações sobre o emprego da GRI no Brasil", *Informare*, Brasília, v. 4, n. 1, jan./jun., pp. 71-95, 1998.

RODRIGUEZ, M.V. *Organizações do conhecimento: a implantação das universidades corporativas*. Disponível em: www.rh.com.br. Acesso em 8 de junho de 2007.

SAYÃO, Luís; MARCONDES, Carlos; KURAMOTO, Hélio; TOUTAIN, Lídia (orgs.). *Bibliotecas digitais: saberes e práticas*. Salvador: EDUFBA/IBICT, 2005.

SALES, Rosemary do Bom Conselho. *Gestão do conhecimento como vantagem competitiva: o surgimento das universidades corporativas*. Dissertação (Mestrado em Engenharia) – Programa de Pós-Graduação em Engenharia e Gestão do Conhecimento. Florianópolis: Universidade Federal de Santa Catarina, 2002.

SANCHO, Rosa. "Indicadores de los sistemas de ciencia, tecnología e innovación. Ministerio de Ciencia y Tecnologia", *Economía Industrial*, n. 343, 2002.

SARACEVIC, Tefco. "Information science: origin, evolution and relations". In: *Conference on concepts of library and information science*. Los Angeles: Taylor Graham, pp. 71-95, 1992.

SENGE, M. Peter. *A quinta disciplina: arte e prática na organização que aprende*. 4.ed. São Paulo: Best Seller, 1999.

SCHWARTZMAN, Simon; BROCK, Colin. *Os desafios da educação no Brasil*. Rio de Janeiro: Nova Fronteira, 2005.

SHANNON, Claude E.; WEAVER, Warren. *The mathematical theory of communication*. University of Illinois, 1975.

SANTOS, Raimundo Nonato Macedo dos. "Ambientes de informação e serviços de extensão em bibliotecas universitárias". *Anais do XII Seminário Nacional de Bibliotecas Universitárias*. Recife: SNBU, 2002.

SHAPIRO, Carl; VARIAN, Hal R. *A economia da informação*. Rio de Janeiro: Campus/Elsevier, 1999.

SOARES, Raimundo. "O conceito de ser: organizações conscientes – O pensamento biológico nas organizações incrementando a produtividade, a sustentabilidade e a qualidade de vida". Disponível em: <http://www.institutoorior. com.br/ser.html>. Acesso em 1º de junho de 2007.

STEWART, Thomas. *Capital intelectual: a nova vantagem competitiva das empresas*. Rio de Janeiro: Campus/Elsevier, 1998.

STAREC, C. *A questão da informação estratégica no ensino superior: os pecados informacionais e barreiras na comunicação da informação para a tomada de decisão na universidade*. Dissertação (Mestrado em Ciência da Informação). Programa de Pós-Graduação em Ciencia da Informação, convênio CNPq/IBICT – UFRJ/ECO, Escola de Comunicação. Rio de Janeiro: Universidade Federal do Rio de Janeiro, 2003.

STAREC, Claudio; GOMES, Elizabeth; BEZERRA, Jorge. *A gestão estratégica da informação e inteligência competitiva*. São Paulo: Saraiva, 2005.

STAREC, Claudio; GOMES, Elizabeth. "Conhecimento tem prazo de validade?", In: RICARDO, Eleonora Jorge. *Gestão da educação corporativa*. São Paulo: Pearson, 2006.

STEINER, George. *Lições dos mestres*. Rio de Janeiro: Record, 2005.

SVATER, Fernando. *O valor de educar*. São Paulo: Planeta, 2005.

SVEIBY, Karl Erik. *A nova riqueza das organizações: gerenciando e avaliando os patrimônios de conhecimento*. Rio de Janeiro: Campus/Elsevier, 1998.

TAKAHASHI, Tadao (org.) Sociedade da Informação no Brasil. Brasília: Ministério da Ciência e da Tecnologia, 2000.

TERRA, Jose Cláudio Cyrineu. *Gestão do conhecimento: o grande desafio empresarial*. São Paulo: Negócio Editora, 2000.

TOFFLER, Alvin. *Future Shok*. Nova York: Random House, 1970.

UNESCO – Organização das Nações Unidas para a Educação, a Ciência e a Cultura. Conferência mundial sobre o ensino superior. "Tendências de educação superior para o século XXI." *Anais da Conferência Mundial do Ensino Superior*. Paris: 1999.

VELHO, Lea; MARTINEZ Eduardo; ALBORNOZ, Mario. *Indicadores de ciencia y tecnología: estado del arte y perspectivas*. Unesco-Cyted/Universidad de Quilmes/Ricyt/Nueva Sociedad, Caracas, 1998.

WEIL, Pierre; TOMPAKOW, Roland. *O corpo fala*. Petrópolis: Vozes, 1998.

WERSIG, G. "Information science: the study of postmodern knowledge usage", *Information Processing & Management*, v. 29, n. 2, pp. 229-39, 1993.

YUEXIAO, C.L.D. "Definitions and sciences of information", *Information, Processing & Management*, v. 24, n. 4, pp. 479-491, 1988.

ZEITHAML, Valarie; BITNER, Mary J. *Marketing de serviços: a empresa com foco no cliente*. São Paulo: Bookman, 2003.

ZIMAN, John. *A força do conhecimento*. Belo Horizonte: Editora Itatiaia, 1981.

II. WEBGRAFIA

Aldo Barreto
http://www.aldoibct.bighost.com.br

American National Academies
http://www.nationalacademies.org

American Association for Training & Development (ASTD)
http://www.astd.org/astd
Associação Brasileira de Educação Corporativa (Abec)
http://www.abecbrasil.com.br/default3.asp

Associação Brasileira de Recursos Humanos (ABRH)
http://www.abrhnacional.org.br/cpub/pt/site/index.php

Banco do Brasil – Universidade Corporativa do Banco do Brasil
http://www44.bb.com.br/appbb/portal/bb/unv/index.jsp

Canadian Society for Training and Development (CSTD)
http://www.cstd.ca/fr/index_fr.html

Centre Européan pour Development de la Formation Professionale (CEDEFOP)
http://www.europa.eu/community_agencies/cedefop/index_fr.html
http://dedefop.europa.eu

Data Gama Zero – dgzero (revista eletrônica da Ciência da Informação)
http://www.dgz.org.br

Extra Libris – Ciência da Informação
http://extralibris.org/ci/2008/artigos-sobre-ciencia-da-informacao

VIII Enancib
http://www.ancib.org.br/enancib/enancib-2007/relatorios-enancib-2007/viii-enancib-relarorio-final-gt5

General Electric
John F. Welch Leadership Center of Crotonville
http://www.ge.com/company/culture/leadership_learning.html

Instituto Brasileiro de Informação em Ciência e Tecnologia (IBICT)
http://www.ibict.br
http://www.ibict.br/secao.php?cat=%20Revista%20Ciência%20da%20Informação
http://bdtd.ibict.br/bdtd

Interbrand
http://www.interbrand.com

Irish Institute of Training and Development (IITD)
http://www.iitd.ie

Google Acadêmico
http://scholar.google.com.br/schhp?hl=pt-BR

Learning Circuits
http://www.learningcircuits.org

Ministério da Educação (MEC)
http://www.portal.mec.gov.br

Instituto Nacional de Estudos e Pesquisas Educacionais Anísio Teixeira (Inep)
http://www.inep.gov.br

National Institute of Standards and Technology
http://www.nist.gov

Petrobras (Universidade Corporativa da Petrobras)
http://www2.petrobras.com.br/ResponsabilidadeSocial/portugues/Petrobras
FomeZero/EducacaoQualificacao.asp

Red Iberoamericana de Indicadores de Ciencia y Tecnología (RICYT)
http://www.ricyt.edu.ar/interior/interior.asp

ROI Institute
http://www.roiinstitute.net/websites/ROIInstitute

Scielo Brasil
http://www.scielo.br/scielo

The Impact Measurement Center (IMC)
http://www.impact-measurement-center.com

US Bureau of Labor Statistics
http://www.bls.gov

Valer – Universidade Corporativa da Vale
http://www.vale.com/vale/cgi/cgilua.exe/sys/start.htm?sid=243

3M
http://www.3m.com

Caso queira enviar um e-mail para o autor, o endereço é
professorstarec@gmail.com.

A Editora Senac Rio publica livros nas áreas de gastronomia,
design, administração, moda, responsabilidade social, educação,
marketing, beleza, saúde, cultura, comunicação, entre outras.

Visite o site www.rj.senac.br/editora,
escolha os títulos de sua preferência e boa leitura.

Fique atento aos nossos próximos lançamentos!

À venda nas melhores livrarias do país.

Editora Senac Rio
Tel.: (21) 3138-1385 (Comercial)
comercial.editora@rj.senac.br

Disque-Senac: (21) 4002-2002

Este livro foi composto nas tipografias Giovanni e The Sans,
e impresso pela Sermograf Artes Gráficas e Editora Ltda., em papel *offset* 90g/m^2,
para a Editora Senac Rio, em fevereiro de 2012.